后 街
日志中的城市

Backstreet
A Metropolitan Journal

一本书，一座城，一种生活方式……

阅读之前　无明未破

Backstreet
A Metropolitan Journal

后　街
日志中的城市

徐晖　著

·广州·

版权所有　翻印必究

图书在版编目（CIP）数据

后街：日志中的城市／徐晖著.—广州：中山大学出版社，2015.9
　ISBN 978-7-306-05456-2

Ⅰ.①后… Ⅱ.①徐… Ⅲ.①广州市—概况 Ⅳ.①K926.51

中国版本图书馆CIP数据核字(2015)第224706号

出 版 人：徐　劲
出版策划：周建华　李永清
责任编辑：周建华
装帧设计：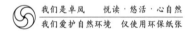
出版发行：中山大学出版社
电　　话：编辑部 020-84111996，84111997，84113349
　　　　　发行部 020-84111998，84111981
地　　址：广州市新港西路135号
邮政编码：510275　　传真：020-84036565
网　　址：http://www.zsup.com.cn
印 刷 者：广州市快美印务有限公司
规　　格：889mm×1194mm　1/32　7印张　180千字
版次印次：2015年9月第1版　2015年9月第1次印刷
定　　价：30.00元

如发现本书因印装质量影响阅读，请与出版社发行部联系调换

前　言

后街是一个隐喻

　　先前写了题为《后街》的短文，有同事阅后称文中一段关于后街与前街关系的叙述为"知性总结"，并且阐释："没有在前街的职场努力，怎有逛后街时的悠闲自得？其实后街的小贩们，正羡慕着前街的优越……"在这里，后街与前街似是喻指某种差异的生存状态。这颇有点情景化阐释的意味，以某种情状、状况、语境的合理性理解，揭示文本中的意义使其变得可以理解，而且还在此之上挖掘出另一层更深的意义。经此阐释，文本中的后街，还有与之对应的前街，也就被赋予了更多的隐喻。

　　这种阐释可能更真实深刻地揭示了后街与前街的潜在意义，但很显然我一直只是关注城市生活当中某种特定的场所环境，描述这种空间形式的某些特质。然而阅读与阐释扩展了文本的含义，甚至在阐释的意义挖掘中实现了某种意想不到的文本转换，实在很有趣。

　　确实，后街是一个隐喻。在我来说，它是城市记忆中某种朦胧隐秘的景观，某种无可言说却又具体可感的久远场所，某种世俗生活及城市多样性的象征。后街在物质结构上以及对于每个人而言的相对性使它无法界定，但显然，它是城市中作为生活之地的实体的存在——可以安放自我以及实在生活的地方。这里充满了建筑物、人的活动及其故事，空间紧凑并且富有戏剧性。它是关于生活的提示，并无具体所指，却又无处不在地提醒我们要在虚幻的现实中秉持或重归实在的生活。

问题始终在城市本身。除了作为一种城市空间及其描述之外，后街并不意味着其他什么。后街是城市的概念，它的扑面而来的生活气息体现了城市的重要特性，因而在我极个人化的想象中，它也就成了城市及其生活的隐喻——唯一的或终极的隐喻。

城市是一个巨大的文本。阅读它可以有很多角度，感受也因人而异。然而，我们在对这个文本进行任何阐释时都要格外小心。城市的形式是城市性质的内在基础和根据。唯有进入城市的形式或者把握城市的形式才可能对城市及其内容有准确或接近准确的认识。要着重于形式的描述而非内容的阐释。而从乡村的或城乡结合部的形式或愿望出发来解读与想象城市，则极可能导致误读。

本书除少数几个篇章外，其余多数是在2012年以来的日记当中涉及城市内容的札记式文字修改整理而成，部分篇章在博客或报刊上发表过，算是"旧作芜文"。这些篇章或谈论城市生活的普遍性话题，或具体叙述广州生活，也有其他生活记录。它们代表了我对城市的理解与感悟，在此不揣浅陋，就教于读者。

我们需要的是透过城市纷繁复杂的大量内容，看到城市本身。对具体一座城市也是如此，需要直接的描述而不是过多的解读。面对一座城市，如之前我在《广州这个地方》中所说的那样，当下人们试图分析它和说明它的种种努力，有可能大多是片面的和表面的，充其量只能是对真知的步步接近而决不可能是完成。

城市（或"这座城市"）已经被我们阐释得太多。在阐释中，城市已经面目全非。

目 录

第一部分 关于城市／1
  城市就是我们的自然／2
  我是爱城主义者／9
  城市杂想——从遥远之城说起／14
  记得儿时的街／26
  现代都市生活方式特征／33

第二部分 城市随笔／45
  惨不忍睹的海珠广场／46
  陈家祠的大广场／49
  黄花岗上党人碑／52
  天桥不是珠江新城的理想选择／55
  中山大学校园的碧瓦红墙幻景／58
  旧厂房改造小议／61
  重修越秀山城墙所想／63
  广州地铁：下一站通往哪里／66
  "落雨大，水浸街"是羊城的永恒话题／73
  飘忽不定的广州城市中心／76

在爱群大厦眺望老城 / 81

诠释城市垂直空间特性——双层巴士重现羊城 / 87

珠江新城：要美丽街景，不要空中连廊 / 90

饮茶是最好的生活方式 / 93

珠江新城如何自处 / 96

第三部分　城市生活／99

流花湖畔充满怀旧色彩的广播博物馆 / 100

对这城市我们了解了多少 / 105

暴雨愁城 / 114

早晨停电所想 / 117

嘈吵的世界又多了一个声音 / 119

怀念一间书店 / 121

我喜欢在平淡而优雅的街道上漫行 / 127

没有来历的奇香——寻找广州咖啡馆 / 130

沙面岛的咖啡 / 135

咖啡：理性的浪漫 / 139

后街 / 143

在这窗口俯瞰街景 / 147

消失的街头咖啡座 / 150

往事总在缥缈中

　　——在黄埔古港寻觅"中国皇后号"陈迹 / 153

恒大就是一出跌宕起伏的戏剧

　　——速写于8月27日天河大战前夕 / 156

2012年最后一日的广州是寒冷的 / 159

第四部分　城市阅读及其他／165

　　茫然，却美好——杂说我的书房／166

　　大卫·哈维笔下的奥斯曼男爵
　　　　——读《巴黎城记》随感／173

　　荒诞的意义／178

　　让我们再次阅读他的书吧／181

　　在温和淡静中叙述人生——再读《重游缅湖》／184

　　记住城市的声音——再读《伦敦的叫卖声》／187

　　书店的漫游者——参观杨和平欧洲小书店摄影展／190

　　生命在夜色中消逝——读《暗店街》速记／193

　　怡然敬父执（一）：从化行速记／196

　　怡然敬父执（二）：与父亲的好友聚会于广州酒家／199

　　借得西湖水一环／203

　　几多旧事，一丝惆怅：赏读对庐《浣溪沙八阕》／206

　　作为一种生活方式的广播／211

后　街
日志中的城市
第一部分

关于城市

城市就是我们的自然

当面对城市某些困扰时,一些城市人常说:"我讨厌城市,这里到处是石屎森林,我们家周围应该有山有水,有草地有树林,有宽阔的空间,环境宁静充满自然气息……"

生活在城市的人得享城市的种种便利与好处。但我们往往又想兼得乡村生活的好处,并认为这是对自然的向往。我们觉得作为人类创造物的城市,已经成为一种非自然物,城市远离了大自然。

这种看法将城市与自然对立起来并且曲解了城市。对此,我要说的是:我们从来就在自然当中,城市就是我们的自然。对于人类,城市是最重要的本然的存在方式。

人类为了生存而聚居,那些聚居地从村落、乡村、集镇等逐步演变产生城市。7000年前西亚两河流域美索不达米亚平原出现了最初的城市即苏米尔人的城市,至今,全世界已有超过一半的人口生活在城市中。世界各大古老文明的最初的城市都是自发形成的,彼此并无相互交流的过程,完全是人类生存状态的自然演变。可以说,从最初的原始聚落到全球各地最初的城市,包括美索不达米亚、古埃及、古印度河谷、黄河流域、中美洲秘鲁等的古老城市,乃至此后各个时期的城市发展,根本意义上都是出自人类生存与发展的某种本能。它们既是人类活动与生态环境相互作用的反映，也是自然生态环境的有机构成。

城市是人类的创造。许多人由此认为乡村才是自然的，城市是不自然的。其实，城市与乡村同是人类聚居与生活的场所，两者只是聚落的不同形态，而且两者之间有着天然的联系。城市研究显示早在人类文明的曙光刚刚出现时，城市的胚胎结构已经存在于乡村之中。远古乡村的各种构造形式，包括屋舍、祠庙、灶台、沟渠、村道、晒场、谷仓等等，后来在早期城市形成过程中，就演变成为城墙壕堑、公共建筑、民居、街道、广场等等。城市所有的结构形式，其原型都来自于乡村。和乡村一样，它的每一部分都是自然界原有之物。这些结构形式在人类活动与生态环境相互作用的过程中不断演变，变得更加复杂。由是，为何唯独乡村是自然的呢？某种意义上，城市这种广布于地球表面的人类构筑的巨大团块，就如同我们在亚热带森林中看到的巨型蜂巢，或是在非洲大草原上看到的庞大蚁穴，有谁会怀疑这些巨型蜂巢和庞大蚁穴不是自然界的组成部分呢？我们人类的城市与这些巨型蜂巢和庞大蚁穴并无区别。城市是特殊且更复杂的聚落形态。当然，城市脱胎于乡村却不同于乡村，它不仅规模大，人口密集，而且更重要的是，它有各种各样的人，也就是说它具有人口或职业的多样性，这是城市区别于乡村的本质特征。用城市学家的话来说，城市是异质个体的永久定居场所。但是我们能够因为城市与乡村有区别而认为其不属于自然吗？事实上，城市即使发展得再复杂，它的所有结构形式都可溯源于乡村，它的全部物质都是自然界中所有的。诚如思想家及城市学家芒福德所言："古往今来多少城市都是大地的产儿……城市是自然界万般事实中的一种。"

今日的城市遇到了前所未有的挑战，城市拥堵，环境污染，无度扩张，大规划的魅惑与荒诞，逆城市的异化倾向……许多城市在重重问题中艰难探索寻求解决之道，有些城市面对挑战获得重生。新的问题层出不穷，而解决问题的方法就在城市自身。

绝大多数市民在表达对城市的厌倦及指责时，并不意味着他们对城市的放弃。其中，真正愿意远离城市过纯粹的乡村生活的并不太多，至于像美国人比尔·波特所著《空谷幽兰》所描述的那样远离俗世隐居深山老林的，更是极少数。我的一位朋友，在距离广州中心城区约30公里的花都区购置了一处别墅，节假日不时前往休闲度假，但他主要的工作生活仍然在城市中心区。他说他不会放弃城市中心区的生活，即使退休之后亦然。据观察，迄今广州市民在乡郊二次置业时，大多选择在距中心城区约50公里或不超过100公里的半径范围内。在我国，随着城轨等城际高速铁路网逐步形成，长三角、珠三角、环渤海湾三大城市群以及济南、重庆等重要城市近年先后提出了"一小时生活圈"乃至"半小时生活圈"概念。房地产开发商在项目选址时也通常以此标榜，强调楼盘与城市或中心城区的便捷连接。这种趋向及情形，恰好印证了人们对城市的依恋不舍。所谓"一小时生活圈"，是指从此城到彼城或从中心城区到楼盘所在地的交通时间距离，人们要求这种近距离，说明他们并不真的打算告别城市，而仅仅是在保持城市身份基础上偶尔享受乡村生活，或者在城市与乡村两种生活之间灵活转换。事实是，大多数人无意放弃城市。

显然，城市对于我们至关重要。城市最大程度地消除了人与人之间的物理距离，使之可以面对面接触沟通。这种接触沟通无论对于个人还是社会都是最有效用和最为必要的。这是城市的重要特质和城市种种优势与好处的重要基础。实验证明，即使在资信科技高度发达的今天，最便捷和最清晰的电子通信也取代不了面对面的交流。有关分析显示，电子通信反而增加了面对面交流的价值与需求，其与面对面交流的关系不是相互取代而是互补;城市可以聚集大量人力形成合作的力量,人口密集之处最有利于激发思维、获取观念和产生知识,以创新科技和创作艺术;城市为我们的日常生活提供最大便利,包括衣食住行的种种需要,以及工作学习,休闲娱乐,探亲会友,参观博物馆、艺术馆、图书馆,乃至百无聊赖时漫步街头或到茶室、咖啡馆小坐等等,所有这一切,在城市中都方便易行……

毫无疑问,城市创造文化,它是人类文明与人类精神的载体及象征,是我们生活理念和精神世界所有精粹的汇聚之所。在更深层次上,城市让我们获得了人生的动力和灵魂的寄托,让我们寻得属于自己的内在世界。显然,城市还具有文化的多样性以及各具特色的城市文化本身。不同的城市具有不同的性格。在那些更需要我们主观感受及想象的城市当中,总有一个能够唤醒我们关于真实世界和生活原型的记忆,令我们心向往之。譬如罗马,那是一座由石头构筑的"永恒之城",在台伯河下游平原的七座小丘上,矗立着自古罗马帝国以来各个历史时期的古老建筑或其遗址,以及数以百计的教堂与修道院,还有纳沃那广场、鲜花广场和西班牙台阶。徜徉于城中,你会感到,时间与空间也仿佛凝固了;巴塞罗那,一座现代主义建筑之城,安东尼·高迪和多梅内克·蒙塔内尔的格尔宫、米拉公寓、圣家族教堂、加泰罗尼亚音乐厅等伟大建筑散布于各区。城中的兰布拉斯大街,沿街有各种精致的建筑、棕榈树下成排的凉亭、街头小酒铺或露天咖啡屋,以及大显身手的街头艺人,这是让"许多人度过一生美妙时光"的全球名街;佛罗伦萨,一座艺术之城,这里有众多精美绝伦、藏品丰富的艺术宫殿,譬如乌菲兹美术馆、佛罗伦萨美术学院美术馆、巴杰罗美术馆、帕拉提那美术馆等。但丁、达·芬奇、米开朗基罗曾经生活于此。建有橙红色巨大穹顶的圣母百花大教堂和阿诺河上的老桥，是此城的标志；伊斯坦布尔横跨博斯普鲁斯海峡，是东西方之间的欧亚之城，曾经的罗马帝国、古拜占庭帝国、奥斯曼帝国的首都。这里兼收并蓄欧、亚、非三大洲的思想、文化、艺术精粹，俨然一个灿烂的世界文化之都。圣索菲亚大教堂是城市最具标志性的建筑。奥尔罕·帕慕克的《伊斯坦布尔：一座城市的记忆》忧伤而又动人地记录了这座城市以及博斯普鲁斯海峡的历史；巴黎多么浪漫、骄傲、时尚而又古典，那里有古老的索邦大学、雨果的居所和他的巴黎圣母院、波德莱尔的闲逛者足印和他的《巴黎的忧郁》、莎士比亚书店和普鲁斯特的《追忆似水年华》、双叟咖啡馆和花神咖啡馆、罗浮宫博物馆，此城被誉为19世纪的首都……还有华夏大地的城市，譬如历史深处的古老渭城，沿着渭河之北，客舍青青，杨柳依依，唐诗人王维一首《渭城曲》让这城市名传千古。而这诗意的城市，更是秦王朝曾经的国都，又是周、秦、汉、隋、唐等13个王朝的京畿之地，也是古丝绸之路的第一站。城中曾经矗立过高大宏伟的冀阙宫廷，据说立于其上可眺望终南而俯瞰渭水，但那些寻常巷陌就唯有我们去想象了；陆上丝绸之路起点的伟大城市西安，拥有3100多年建城史和1200多年建都史，曾有周、秦、汉、隋、唐等共13个朝代建都于此，最早的东方"世界之都"！城中有无数文物古迹和伟大的古城墙，还有令人联想到《木兰诗》中"东市买骏马，西市买鞍鞯"诗句的"大唐东市"和"大唐西市"，想必在那里多少可以寻觅到旧时都城街市的古风遗韵；海上丝绸之路的重要城市广州，它的老城以越秀山为背景，在连片残旧却精致的古老建筑中，屹立千年的六榕花塔和怀圣光塔，与近代的石室大教堂、爱群大厦等共同勾勒了融合多元风格的奇特天际线。城东边珠江入海处有一个宽阔的深水港湾，这古老港湾是整座城市几乎全部品格和生活方式的载体，是它使这里的人眷恋故土又思念远方，安守现实又充满想象，这种复合的禀赋，如同那温和海风吹拂着的港湾一样深邃而开阔……如此令人印象深刻的或心中向往的城市的名单，当然可以一直开列下去：耶路撒冷、纽约、北京、悉尼、蒙特利尔、新加坡、香港、牛津、柏林、温哥华、里斯本、布拉格、东京、上海、吉隆坡。城市是文化的容器，也是文化的归极；城市多么斑斓，各有各的姿彩。这就是城市——如果没有城市，世界多么乏味！

个人可以逃离城市，但人类整体却注定是离不开并将进一步拥抱城市。18世纪工业革命开启了城市化进程。近200年这一进程明显加快。据联合国统计及预测数据，2011年全球已有36.32亿人口生活在城市，城市化率达到52.1%。预计2050年全球城市化率将达到67.2%。我国城市化步伐也是持续加快，2011年大陆城市化率达到51.3%，城镇人口首次超过乡村人口。城市，不是我们喜不喜欢的问题，而是必然的选择及我们的存在方式。

最近又路过广州大学城。当我沿着华南快速干线进入城中并纵贯此地时，并没有身在城市的感觉。宽阔的道路和高架路上的汽车高速疾驰，道路两旁空空荡荡几无行人，远远坡地与树木之间，偶有数幢建筑错落其间，那便是某大学的校舍或教学楼。不同院校彼此远隔不相关联。很少有楼宇紧挨路面，更少见多座建筑相连于路面形成街道的垂线密集的界面，遑论街区的多样性。与其说这是一个城区，不如说这是一处乡村。或许作为大学之区这被认为是可取的，但类似景观在许多城市新区实在是太常见了。近年广州又先后推出了中新知识城、天河智慧城、海珠生态城、国际金融城、国际创新城、教育城、东部山水新城、南沙滨海新城等10多个冠以"城"字的城建项目，这足以令人震撼并让人生出期待：这个超级巨大的城市未来将会是怎样一种形态？我们选择了城市，却时常以乡村的方式来要求及建造城市。事实上城市的许多问题大多不是城市本身造成的，而恰好是我们背离了城市的原则所致。诚然,城市完全可以变得比我们想象的更好,关键在于我们如何把握它。

我们在不久之前还身处乡村社会,即使生长于城市,对城市似乎很熟悉,也难免以乡村思维想象城市。但我们必须记住:城市应该是其所是,要让城市成为城市;而且城市是我们无可避免的几乎与生俱来的存在方式,这是我们的本性以及事物的法则所决定的。城市及其文化是自然目的系统进化的较之乡村及其文化的一个更高层次,这是一个"人化的自然"。城市就是我们的自然。

如果我们真的热爱大自然,那么我们或许应该如同尊重与理解乡村那样尊重与理解城市。

(注:本文是作者2010年4月28日在华南农业大学所作"城市讲座"的讲稿,出版时略有修改)

我是爱城主义者

近读清华大学教授贝淡宁与耶路撒冷希伯来大学教授德夏里特合著的《城市的精神》一书，甚感畅快，并对贝淡宁撰文倡导一种"爱城主义"，相当直接地表达对城市的热爱与赞颂，尤为赞赏。由此我也毫不遮掩地表达自己的城市情怀：我是一个爱城主义者。

并非对乡村有任何成见，也不是因为出生及工作生活于城市而对城市有任何迷思。对城市的热爱似无从解释，喜欢就是喜欢。

我喜欢城市的空间感觉，这是一种与生活紧密相连的更具戏剧性的体验。城市空间紧凑而又整体关联，与我们日常生活连续的特定活动相协调，并且彰显我们生活中某些重要内容的精神内涵，还带给我们稳定的安宁感以及变化的愉悦感与惊异感。

佛罗伦萨的西纽利亚广场是中世纪广场中的文艺复兴空间。人们无论是从西北角还是从西南角等不同入口进入广场，都可以看到科西摩一世塑像和海神塑像等视觉焦点与四周中世纪及文艺复兴建筑多角度相互作用的丰富变化，领略埃德蒙·N·培根所论述的空间介入的完美法式。广场中的大卫雕像和南侧的乌菲齐宫在这美妙空间的建构中也具有独特意义。上海的街区空间更多是属于近现代的，位于市中心淮海中路南侧的新天地，就是一个在近代旧城基础上发展起来的现代生活空间。这片传统石库门建筑群经适度拆建整合，以原有砖墙瓦顶融合新设计元素，被重构为适合21世纪都市生活方式的新街区。漫步于此会有强烈的动态方向感。几年前的一次闲逛，在四通八达的建构中，在主题餐馆、咖啡酒吧、时装店、画廊之间，已然领略过"连续不断的定向、顿失方向又重新定向"的美妙感受。当时下榻于福州路的上海饭店，这样在游览新天地之余，还方便参观街道西端的书城、沿途浏览翰墨飘香的文具店，以及在轮船招商局旧址附近的西餐厅喝杯咖啡。四周有点雅致有点尘俗。这是上海的真实空间。在这样的空间来来去去，何等惬意！正是城市的这些多形态变化的空间，时时刻刻给我们揭示着生活的意义以及生活的种种可能性。

我喜欢城市的时间感觉，这是历史不同时期与当下瞬间乃至未来趋势的物化呈现。城市将时间凝结于密集的建筑以及由建筑所构成的场所中。不仅在罗马、西安、雅典、开罗等世界历史名城，我们几乎可以在所有城市经常而又随时地抚摸已经远逝的和正在流逝的时间。

广州老城珠江北岸附近的卖麻街，典籍记载至少在唐宋时期已经存在。初时是专营各种织网和麻袋、麻绳等物的集市，街道由此得名，后来陆续出现许多油栏、果栏、菜栏、鱼栏等，明清时演变成店铺林立、财殷物阜的街市。偶尔行走于此街时我会想：我怎么就走在1000年前的街道上？这古老街道的某处或许还藏有旧时几片遗垣残石？在老城，我也时常路过始建于南朝梁大同年间距今有近1500年历史的六榕花塔，和始建于唐贞观年间距今有1400多年历史的伊斯兰教怀圣寺。也不时登临建于明洪武年间距今也有600多年历史的禁钟楼。此楼红墙绿瓦呈城楼状，楼顶悬挂一口高3米多、重约5吨的青铜大钟，《广州府志》说"扣之声闻十里"。然而我更多的是行走于当下生活的现实处所——布满近现代建筑的例如混杂着趟栊老屋、西式砖楼、宿舍楼房的旧区,以及矗立着超高层玻璃幕墙系统的摩天巨厦、造型奇特的抽象主义或解构主义杰作的新区。毫无疑问,罗马式的穹顶、哥特式的尖塔以及巴洛克雕饰繁复的曲面,同样透露着时间的信息。所有这些不同时期建筑的密集组合,让城市的时间维度更加清晰、更为直观,由此也让我们对时间(关于过去、现在与未来)的意识尤其敏感——这种敏感的程度可能并不亚于我们对春夏秋冬物候变化的反应——也让我们对时间流逝及历史变迁的感悟更加细致、更为深刻。

我喜欢光线照在城市街道立面上的光影效果。无论是晨光照进意大利博洛尼亚的柱廊街,将柱廊与拱顶的形状投射于路面形成清晰的对比强烈的阴影,还是夕阳照进广州西关的骑楼街,在街道界面的密集垂线与窗户之间映照出极富质感的纹理,都是那么美丽、那么动人。

有时候,你会在不同角度看到整个城市的光影效果,可能是在城市附近的山上,也可能是在高速公路从远郊返回的途中。天际线随着视角和光线移动闪耀出奇异的光芒,耀眼异彩中,你无法看清当中的街道和蠕动的车流,却看到抽象的城市。这时,你会有一种美不胜收的感觉和骄傲的愉悦。

然而,城市最重要的因素是人。如果没有人,所有一切都只是空洞的外壳。因此,我更喜欢城市中充满人的活动的各种各样的景观,以及大街小巷中人的平常生活场景。香港尖沙咀和东京银座涌动的人潮以及红绿灯下的匆匆脚步是某种写照,它具象而壮观地展现了城市与人在现实压力下的生活张力。巴黎左岸的圣米歇尔大街,让我们从另一个角度看到城市中的人:街上络绎不绝的步行者,以各自不同的步速行进,穿梭于街头电话亭、长椅、时装货架、书摊、路边树、灯柱、露天咖啡桌椅之间，不徐不疾，且行且停，当中或有本雅明笔下的闲逛者、陌生者、孤独者，偶尔还可见街头艺术家倾情表演；街中咖啡馆和露天咖啡座总能找到座位，形形色色的咖啡客中，或有作家、艺术家、哲学家独坐于某个角落，也可能有制片人、出版家、设计师在窗下的圆桌前热烈交谈。但似乎罗马的鲜花广场更为有趣：这广场周围尽是普通却历史悠久的石头建筑，边上环绕着咖啡座和酒吧，中间是人气鼎盛的集市。每日从清晨到下午2点，档主们在排列整齐的摊档中堆起满满的各种蔬菜、水果，还有火腿、橄榄、莴苣、茴香、蜂蜜等各式食品和香料，以及金鱼草、荷兰鸢尾花、黑玫瑰、郁金香等各类鲜花。档主不时吆喝几声，市民与游客在色彩缤纷的摊档前尽情挑拣。附近街中以前曾经聚集过许多衣帽商、制锁匠、制箱者、夹克和紧身上衣制作商等，至今形迹尚在。他们的存在给这里增添了生活味和多样性。集市分两段经营，经历午后的短暂清净，傍晚进入另一高潮。夜晚收市之后，广场让位于露天咖啡座和酒吧，成为年轻人聚会的场所。广场中央矗立着布鲁诺的雕像，这位文艺复兴时期的伟大科学家和哲学家头戴大兜帽默默注视着广场上的人。这里拥挤、热闹且深沉，或与广州珠江边的黄沙集市有几分相像。

　　城中每人都不同，每人都有自己的故事。在统一的城市存在方式之下，我们可以看到具体的人的不同生存状态。这里所谓的不同，不仅指生命个体，更在于社会学意义，也即社会学所说的"异质个体"。无数异质个体的集合，正是城市的最重要特征。城市因此成为城市，城市因此而精彩。

　　大概，城市中的人加上城市的物质结构，就是我们喜欢城市的原因吧！而实际上，这应该只是我们喜欢城市的最外在最表层的直觉，或者说是最简单的表述。在我而言，城市是孕育奇思妙想之地，在城市的人和城市的物质结构中，在城市特有的空间与时间结构中，总是呈现和蕴藏着超乎我们想象的多样性以及变化的无尽可能。

　　城市让人喜欢的东西还有很多。但在日常生活中，人们对城市更多的是不满，时常严厉批判。我不想套用"爱之越深恨之越切"的滥调。在我而言，对"这一个"城市可以有无数的批评，但对城市本身却无从批评，正如对家无从批评一样。在根本意义上，"爱城主义"纯系灵魂的感觉，我们无需深究，那是出于一种价值的逻辑判断，还是出于审美的判断，或是其他什么。

城市杂想
——从遥远之城说起

一

偶尔翻出多年前到访蒙特利尔的几张照片,朦胧的蒙特利尔情景顿时如幻似真跃然于脑际。那段日子不只一次沿着通向旧城中心的圣尤尔贝恩街(Rue Saint-Urbain),经过一座古老酒店旁边有点坡度的街面,从西北角进入达尔姆广场。著名的圣母大教堂矗立在广场东南端,两座宏伟的塔楼极似中世纪的城堡。教堂主门廊朝向南北走向的圣母街,某日我徜徉于附近一带,圣劳伦斯河的风在街中曼舞,近午的阳光清晰洒落在连排的露天咖啡廊上。城市的某些景象,有时会因某种潜在的缘由,瞬间留给我们特别深刻的印象。我还想起同样是很多年前的德国科隆之行。傍晚时分参观科隆大教堂,暮色中,教堂精致繁复的宏伟立面让我震撼不已,它内部各构造之间又是那样的完美和谐。当晚在教堂后面莱茵河畔的小餐馆用餐出来,仍禁不住在夜幕下屡屡回头眺望这座欧洲最宏伟教堂的黑色背影……

时间让这一切变得缥缈。所有风景无不在时间之河中流变。我不时会想,那艳阳映照的圣劳伦斯河岸、达尔姆广场和附近咖啡飘香的街区景色依旧动人吗?那暮色深沉的莱茵河畔,科隆大教堂巨大塔影下的小餐馆灯火还在闪烁吗?这些遥远的城市,当中每个街角,每个门廊,以及某处树影苔痕,似乎只有当我们再次置身其中时,才能确信它的存在以及我们记忆的真实。

我们是这些城市的陌生者。在我们到访之前,这些城市已经存在了悠长的岁月,而我们只是偶然的过客,蜻蜓点水之后复又远隔重洋。匪夷所思的是,多年以后,借助互联网的旅游地图,我居然如临其境般重见了以往曾经匆匆涉足的这些地方,包括前述达尔姆广场和附近圣母街一带街区、科隆大教堂和莱茵河畔的堤岸。那是分毫毕现的实景,行人道上的井盖及地砖、街道门牌、旧房子斑驳的老墙,一一得以清晰呈现。事实上,这些城市景色依旧。它的变化,以我们极有限的尺度通常未能察觉。它依旧在那里等待着我们不期而至再度相逢。在距离我们万里之外,它的生活在继续——以它自己特有的方式。尤其我还惊讶地见到了在书本上熟悉的意大利罗马的鲜花广场,色彩缤纷热闹非凡的露天大集市以及广场东南角连接的古老、世俗的朱伯纳里大街,与艾伦·B·雅各布斯在《伟大的街道》一书中所描写的多么吻合,因而倍感亲切!

遥远,不仅指的是空间,也指时间。美索不达米亚平原的苏美尔人的城市、巴尔干半岛的古希腊的城邦,同样激起我们探究的欲望。为何我们总是被这些遥远的城市所吸引,一旦踏足或在书本上涉猎时总是如此激动和愉悦?想必是它们唤起了我们灵魂曾经居住过的完美的"城市理型"的朦胧记忆,让我们有一种回乡之感?又或是我们在那里看到了城市之为城市所必定存在的某种共同或类似的东西,虽遥远却共通,因而倍感慰藉?

无论距离多么遥远,所有城市都与我们相关。某种意义上,所有城市都是因我们而存在的,都属于我们的世界的一个部分。只要我们存在,地图上标注的那些大大小小的城市都是我们经验的可能对象。正如我们曾经远行，说不定某个宁静早晨，我们就会突然出现在此前陌生的遥远国度的某个城市，一切皆有可能。对城市的感受是一种生命历程。即使是那些很久以前的甚至早已消失的远古城市，通过阅读也是可以为我们所认识的，因而也是我们的世界的一个构成。只有当我们永远离去，包括我们居住之城在内的所有城市，才真正且永远与我们无关。

二

热爱城市的人关注所有的城市，喜欢城市中那种丰富的戏剧性。每个城市不同时期的生活，以及由此产生的跌宕起伏的变化，还有往日今时的荣耀与梦幻、欢乐与痛苦，也就构成一个城市永不落幕的戏剧。平凡的日常生活当然也是戏剧的重要部分，正是它展现了剧情的每个细节。而不同的城市，则是一出出彼此永不重复的独一无二的戏剧。关注不同的城市，也就是感受和接近城市之所以为城市的全部精彩与完整内涵。欧洲中世纪城市似乎比更遥远的古希腊城市清晰可辨，文艺复兴时期的建筑师阿尔伯蒂富有诗意地描述中世纪的城市：窄长的街道像河流一样弯弯曲曲东转西拐，每座房屋的前门都朝向街道中央，行人每走一步都可以看到不同的街景，实在是美好且有益于健康（莱昂·巴蒂斯塔·阿尔伯蒂《建筑论——阿尔伯蒂建筑十书》）。但是柏拉图的城市也是真实的，他的城市论述印证了古希腊城市的具体形象。柏拉图讲述道："古希腊人是尽可能将城市建在整个领土的中心，然后将城市分为多个区并以神的名字命名，当然他们首先会在城市中心的高地上建立一个供奉宙斯和雅典娜的圣地，将庙宇设置在广场的四周……"（《柏拉图全集》）城市走过了漫长岁月。19世纪的巴黎在一场"创造性的破坏"中实现了现代蜕变,奥斯曼男爵对旧巴黎进行大刀阔斧的改造,他将里沃利街延长,连通香榭丽舍大街和巴士底广场以外区域,又修建南北走向的塞巴斯托普勒大街、斯特拉斯堡大街和圣米歇尔大街,这条穿越巴黎中心地带的交通要道,在夏特莱要塞广场与里沃利街交汇,构成了著名的"大十字路口"。之后着手改造以西岱岛为主体的传统中心区,进而又将改造扩展至城市的边缘地带,整个巴黎囊括其中。人文地理学家大卫·哈维说是奥斯曼强迫巴黎走入现代。奥斯曼的巴黎大改造被指是现代性登场的典型一幕。此后的现代城市更是五光十色,当中的情节复杂、精彩而又浪漫,但并非全部都那么令人愉悦。

城市的戏剧远不止此。记得20多年前我到访比利时布鲁塞尔,置身于城市中心的美丽大广场,一种始料不及的、豁然开朗的视觉惊异感陡然而生,然而令人更觉惊异而且惊叹的是广场上演出的历史人生:最初这片空地建起了一个布匹交易市场,周边有肉店和面包店。15世纪时人们在西南边一侧修建了尖塔高耸精雕细刻的哥特式市政厅,这座建筑充满艺术又象征着权力。随后数十年商人们纷纷加入,各行业的行会会所相继落成于此。残酷的戏码也接连上演,16世纪初昔日的面包房变成了西班牙统治者的审判厅,大厦正前方是死刑执行地。1569年,艾格蒙特和霍恩两位伯爵因支持民众反抗西班牙王室而在这里被送上了断头台。1695年,路易十四的炮火几乎焚烧了整个广场,市政厅只剩下尖塔及部分残墙。布鲁塞尔人决定重建广场,让它比以前更加绚丽夺目。后来,宏伟精致、焕然一新的市政厅成为城市的标志性建筑,那轻灵高耸的尖塔以及建筑中布满走廊的巨幅壁画也成为城市历史的见证;原先的面包房变成了没有国王居住的国王大厦,里面倒是收藏了数以百计的各国赠给"布鲁塞尔第一公民"撒尿小童的服装。如今,大广场成为一个和平、安宁、悠闲的市民生活场所，周围尽是咖啡馆、小酒吧，熙来攘往多姿多彩；各行业商会和布拉奔公爵官邸重新兴盛，当中部分变成了各类博物馆、美食店，每日游人如织络绎不绝。当岁月的浪沙淘尽，唯有生活永远延续。

这演绎不尽的一幕幕片断，其所讲述的，不仅仅是建筑的故事和地理的故事，更是历史的故事和文化的故事。刘易斯·芒福德说："城市不只是建筑物的群集，它更是各种密切相关并经常相互影响的各种功能的复合体——它不单是权力的集中，更是文化的归极。"（刘易斯·芒福德《城市发展史——起源、演变和前景》）所有的城市都以物质的和精神的方式，在地理和历史的时空中展现它的特质。遥远之城召唤远岸的漫游者，我们不辞万里前往观赏阅读的，原来正是这样一段关于人类生活的文化的故事。

三

然而，我在想，这些文化的故事，归根到底也就是变化的故事——城市伴随生活变化而变化的故事。城市是空间的，也是时间的，正如法国哲学家柏格森的纯粹的绵延之义所揭示的那样，它在时间上永远处于正在进行中的和不可分割的绵延，我中有你，你中有我，过去、现在、未来相互关联又相互渗透，充满难以预见的意志抉择。简言之，城市就是变化，变化就是历史。即使那些我们刻意要保护的街区或建筑，也不可能且不应该拒绝变化。

巴黎圣米歇尔大街就是变化的生动例证。你可以在街道东侧看到古罗马的遗迹，建于公元3世纪的高卢—罗马浴池就坐落在那个藏有大量中世纪艺术品的克吕尼博物馆内。而这个原为中世纪民间宅邸的博物馆则建于1480年至1510年间。尤其是，街道东边以巴黎保护神的名字命名的圣热内维埃夫土丘，时刻令人想起罗马占领时期的城市；而附近的克洛维路则令人想起法王克洛维打败罗马人建立法国的历史辉煌。沿街还有闻名于世的建于1253年的索邦大学。附近还有始建于1764年的万神殿，这里安睡着伏尔泰、卢梭、雨果等伟人。街道西侧有建于17世纪的卢森堡花园，在此散步可到达辉煌的卢森堡王宫。重要的是，今日圣米歇尔大街被赋予了无所不在的现代生活元素，依然鲜活地变化发展着。圣米歇尔大街被认为是一条商业化的街道，但街道作为历史承载者的固有属性并不因此有所改变，它动态地凝结着历史并且呈现出可供追寻的脉络。很多时候，变化还会将历史凝结在同一建筑物上。伊斯坦布尔的圣索菲亚大教堂，原本是君士坦丁大帝于公元326年建造的君士坦丁堡的一部分，公元532年至537年，查士丁尼一世将其改建成为有恢宏大穹隆的基督教堂，16世纪时被改建为清真寺，增加了尖顶，1935年又被改建为一座博物馆。因为变化，这些街道和建筑物充满了历史感，人们在这里可以看到并且追寻历史，从而知道这里的人从何处如何地走来。

这些具有丰富多样性的街道、广场和建筑的存在，保存及再现了城市在其漫长历史进程中的复杂变化。今日人们已经充分认识到将历史建筑或地区及其周围环境作为一个相关整体来考虑的意义。在建筑保护史上，无论是主张再现历史建筑艺术外貌的"历史学派"，还是希望保持建筑的历史完整性的"现代学派"，都只是从同一理论光谱的两极来共同强调保护的价值。而保护就是对变化的肯定，就是对变化的尊敬。这同时也就决定了对未来变化的应有态度。

城市作为一种积聚，一种绵延，以往全部的历史延伸到现在，在当下活动，并渗透于未来。柏格森认为存在就是变化，变化就是成长，而成长就是永无止境地继续创造自我。我一直认为以这一思想诠释城市和它的各个部分是十分贴切的。变化是一种常理。我们需要考虑的，或许只是能否选择某种合适的变化以及变化的最优速度，借此保持城市空间的协调和环境的较强的历史可辨性，让我们继续拥有对城市的亲近感、适应能力和驾驭能力。

四

　　这些关于变化的观念至少还可以在以下两个方面启迪我们：一是要保护好变化的痕迹，包括城市与街区以往那些具有极高或较高历史和艺术价值的遗产，也包括那些"积淀了文化意义的普通的历史作品"；另一方面是要顺应变化的趋势，让城市与街区继续并更合理地变化下去。

　　比照那些我们到过的或未到过的遥远之城，往往会发现我们所生活的城市在关于变化的观念和实践上依然还有许多需要完善之处。我们喜欢抹去变化。为了突显某个历史建筑，当事者时常会大面积铲除周边的建筑乃至街区，将历史建筑孤零零置于一片广场或绿地中，割断其与周围环境的联系。这种做法破坏了由时间所形成的历史变化的完整性，歪曲了这些变化的历史真实。广州的陈家祠和大元帅府等工程就是类似的做法。为了建造宽阔的纪念性广场，工程不惜大量拆除与历史建筑紧密关联的周边民居乃至成片的街区，将其在原有环境中抹灭。这些虽普通却已具有历史文化意义的民房乃至街区的消失，无可挽回殊为可惜。至于其他形式的不合理拆除更不在少数。城市历史上的许多变化的痕迹就这样被抹去了。然而，我们在抹去这些变化、取消对这些变化的记忆的同时，又时常对新的变化反应迟钝，甚至拒绝新的变化。先前阅读艾伦·B·雅各布斯《伟大的街道》一书，被书中对罗马建于中世纪的朱伯纳里大街的叙述所吸引，更被当中详尽的关于此街今日生活的细节描写所打动:这里有"紧密的空间配置、街道上相对高耸的建筑以及望不到尽头的街景……阳光在这些建筑的细部与表面上游走,给街面带来了不断变化的光影关系……"广州长堤附近也有一条同样古老的类似的街道——早在宋代已经存在的我所喜爱的卖麻街。这条起于石室教堂西侧的又细又长的旧街,街面两侧开满各式各样的小店铺,售卖生活所需的杂货和小吃,一天之中的大多数时间街上总是人头攒动市声喧哗,入夜之后则变得十分宁静。但是这条街道近数十年来没有任何变化,准确地说是没有任何积极的变化,残破、脏乱,一片衰败景象。卖麻街和朱伯纳里大街这两条街道在历史悠久和至今充满生活气息这一点上是类似的,但在街道的物质特征及其优劣方面则恰成鲜明对照,其区别在于,朱伯纳里大街古老而又与时俱进,卖麻街则是古老且停滞。卖麻街是值得保护的,残破并不是古老的必然特征,拒绝变化并不是保护,而是放任一条古老街道衰败与式微。

由此还可以联想广州另一些古老街道。像高第街、濠畔街和仙湖街等等,如今它们都不同程度地带有残破衰败的特征。尤其是高第街,典籍记载它原本是一条多么雅致的街道,老巷旧宅,楼高庭深,直至20世纪中后期,街上依然是屋宇整洁、店铺精雅。但是,今日的高第街破旧、平庸,完全没有特色。似乎这些街道需要有一些大胆的变化,包括在空间、立面、细节等物质属性方面和意象、情调、气质、风格等精神属性方面都要有非凡的手法,才能形成一种转折。

拒绝变化的城市或街道最终将会衰落。我同样希望广州城西那条被弄得半死不活的恩宁路,也真正迎来它所需要的决定性的变化。

五

　　遥远是相对的。对于远隔重洋的漫游者，广州无疑就是一座遥远之城；而在时间上，有2000多年历史的古老广州更是遥远得有点缥缈。

　　当远隔重洋的漫游者有朝一日来到这座他们心目中的遥远之城时，他们会看些什么呢？珠江新城西塔东塔？广州塔？须知，他们当中许多人正好就是来自这些云上建筑的故乡的；而我们，最想让他们看的又是什么呢？新城？旧城？须知，我们飞越重洋在遥远之城所看的且印象最深的总是传统的旧城，譬如蒙特利尔达尔姆广场所在圣劳伦斯河岸一带的老城中心、巴黎西堤岛及其左右两岸、布鲁塞尔以大广场为中心的老城、科隆莱茵河西岸大教堂所在一带……这些旧城依然是这些城市的中心，正是旧城，能够为我们深沉而准确地述说城市的历史与文化、过去与未来。

　　但是广州的旧城颇为尴尬，曾几何时它已不再是城市的中心。远方的漫游者能够像我们那样在遥远之城找到一个高度聚集的古老而富有活力的城市文化与精神的象征之地吗？从越秀山沿旧中轴线到珠江堤岸，从城西沿荔湾涌到下西关一带，哪里是这样一个象征之地？珠江新城的天河已经将越秀荔湾老城远抛在后头，继起的南沙自由贸易区更是目标直指未来城市的新中心。广州在城市发展中获得了一个全新的格局，而由此新、老城区的关系也出现了历史性的变异与互动。

　　我更关注的是老城区在实际生活中的旁落。随着一批大型购物中心、酒楼饭店、时尚场馆连同博物馆、歌剧院、图书馆等相继崛起于巨厦林立的新城，越秀和荔湾老城区相形见绌了。即使是仍然热闹的北京路步行街和上下九路步行街也渐露平庸之相，其余街区包括街道及内街窄巷，更是多见残旧、拥挤、脏乱之象，当中难以看到整洁而有气质的多样性的街区，难以看到精致的艺术的足以寄托精神的建筑。旧城原有环境并不是没有好东西，这里不乏时间的作品，只是它们欠缺好的管理，显得分散凌乱，周遭没有新变化，缺乏新元素，因此活力不继魅力下降，自然也就相对衰败。

都市经济发展一定导致旧城区中心地位的旁落吗？回答当然是否定的。放眼当今世界各大都市，包括巴黎、伦敦、东京等等，伴随着城市的发展，其传统城区在城市生活中的中心地位依然如故。它们继续主导和强烈影响着城市社会、经济、文化及日常生活的方方面面。国内最大城市上海也不例外，浦东的超强发展并没有取代浦西的地位，黄浦江两岸紧凑发展相得益彰，外滩与南京路—淮海路依旧是上海生活的象征。

或许有人会说上海的地理环境格局得天独厚。但广州有白鹅潭，由荔湾黄沙、海珠区洲头咀和芳村堤岸构成的白鹅潭环形地带，条件一点不比上海差。这整个地带本身就在传统城区内，历史文化传统深厚，市民认同感强，且拥有海珠区、原芳村区及广佛同城的广大腹地。如果广州当初向东发展珠江新城、拉开城市格局的同时，也重点开发"白鹅潭环形地带"，确保传统城区的城市核心地位，今日广州的情况或许会大不一样。这个地带可以容纳所有象征广州历史、文化的物质载体，包括省或者市一级的新博物馆、新图书馆、新歌剧院以及各式各样的文化艺术机构，且与越秀、荔湾老城区紧密呼应。根据这一构想，广州的历史底色和文化性格将更鲜明，也将极可能形成一个具有清晰历史可辨性的紧凑且极富多样性的都市新格局。对于广州的长远发展来说，这一构想或类似构想的实施永远也不会迟。事实上，2011年广州已经提出了一个"白鹅潭商业中心"规划（2013年6月23日《南方日报》"广州观察"报道,广州市城市规划委员会审议通过了白鹅潭商业中心控制性详细规划),要在原芳村区白鹅潭沿岸3公里长的带状区域建设一个集聚高端商贸及服务的城市商业中心。尽管规划实施进展缓慢,但毕竟有关"白鹅潭环形地带"的想象,最终将以某种变换的方式得以成为一定程度的现实。

问题还在旧城区本身。我不知道城市管理者怎样考虑在现有城市格局下旧城区如何存在的问题。我们能够将旧城的街道变得更整洁、精致、尺度宜人,成为真正意义上的人的街道吗?能够将旧城的建筑整合得更有历史感、艺术美感且更具多样性吗?陈家祠广场、五仙观广场、西湖路广百广场、上下九广场……当中有谁能够发展成为历史信息和现代生活元素高度聚集的经典的城市标志性场所呢?抑或是海珠广场、中山纪念堂广场通过拆除围栏增加周边建筑实现完整围合之后,更有条件成为这样的场所?所有一切都是可供想象的。广州似乎需要有一个"重返中心城区战略",越秀、荔湾老城需要有一次重整历史资源、注入新鲜元素的城区蜕变,以便迈向与国家中心城市地位相适应的中心城区。

广州旧城如何发展的问题仁者见仁智者见智。其实方式选择并不是最重要的,条条大路通罗马,关键是要最终达到让旧城焕发活力,保持其作为城市中心或城市历史文化象征的重要地位的目的,从而让城市是其所是,能够在不可预测的变动中秉持自身生活的特质。

老城区不再重要的城市,或者名义上重要实际上不重要的城市,是一座没有记忆的无根的城市。而无根的城市不存在幸福的生活,也不会有什么城市影响力。

六

　　不少关于城市的表述给我留下深刻的印象。雅典城邦的亚里士多德说:"城邦的长成出于人类生活的发展,而其实际的存在却是为了'优良的生活'。"英国当代城市学家肯尼斯·鲍威尔的观点如出一辙:"人们来到城市是为了自由、为了致富、为了获得快乐,不是所有愿望都会实现……绝对理想的城市永远也不可能存在。但是城市仍然继续着它自身的魅力。城市不仅仅是建筑的集合和建筑之间的空间,城市建筑形成了我们生活方式的基础,也决定着我们的命运"……

　　城市,生活的地方。

记得儿时的街

记忆中的许多印象是充满感情色彩的。泰康路在广州实在是一条很普通的街道,但在我的儿时记忆中,准确说直至今天它在我的心目中,都是一条很重要的独一无二的美丽街道。它附近纵横交错、密如蛛网的既喧闹又宁静的老街窄巷,就是我最初的世界。

那时奔跑于麻石小巷中,总觉得这巷道那么悠长,两边的房屋也是那么高大壮观,它们密集连续地排列着。至于泰康路,那更是一条有几处大转弯的楼房更好看、更有气势的大马路。

童年的同学伙伴就散布在这一带,我们彼此知道谁住在哪一条街、哪一条巷,住哪座楼的楼下或楼上甚至家中的陈设。这个迷梦般的儿时空间是可以闻到江岸气息的——泰康路、水母湾、木排头、沙洲巷、宜安里、素波巷、高第街、维新路、太平沙、长堤、海珠广场,以及稍远点的北京路、万福路、惠福路、中山五路、昌兴街……密集古旧、市声相闻的越秀老街区,那时于我来说就是一个有走不完的街道、不知哪里是边际尽头的庞大而又多少有点神秘的城。

大街小巷里有许多熟悉的面孔和看惯了的事物。家门对面是专做竹器制品的人家,一位通常身穿黑胶绸对襟衫的微胖的大姐，常年就在我家临街的窗户底下破竹削篾，编织竹具。她坐在自制的竹凳上，熟练敏捷地用长长的竹刀一节节破开臂膊粗的竹子，发出的声响就是我所熟悉的街道的声音，那么清脆，那么悦耳。沿街及附近沙洲巷还有不少这样的人家，所以这声音有时会形成有节奏的交响。种种熟悉的声音当中，当然还包括不时由远而近继而渐远的"磨铰剪铲刀"之类的广州街道叫卖声，以及从楼上传来的小提琴声。

高第街有著名的三多轩文具店和九同章绸缎店，但我去得更多的是高第街宜安里街口旁的一间连环画出租店，那是我喜欢的地方，租了书可以在那里看，也可以带回家，小店里总是挤满了人；维新路有多家鲜花店，记忆中的美亚花店最老牌，但我印象最深的却是靠近高第街口的白雪冰室，那里灯火明亮，分外引人；泰康路和回龙路的山货、竹木、藤具店铺成行成市，那里有不少竹木货品就是在水母湾这些内街制造供给的，靠近沙洲巷那里有家专卖棕叶的小店，老远就可以闻到棕叶的香味；最热闹的是木排头的市场，巷道两侧摆满了肉菜摊档，内侧是各类小型食杂店铺，除中午外总是熙熙攘攘。

在这样熟悉与热闹的街道环境中，除了要小心过马路之外，安全总是不成问题。在这个父母忙于生计继而自顾不暇的年代，童年伙伴相约成行，但更多时候是海阔天空独来独往，走向更远的街：向东沿着大南路、文明路走向鲁迅纪念馆；向北沿着维新路、连新路走向中山纪念堂和越秀山；向南沿着海珠桥、江南大道走向基立村……唯独很少去西边，总觉得那里是个大迷宫。我们无惧遥远，当被告知沿着解放北路一直往北可以走出这城市，在那里还可以抓到鱼虾时，我们终于长途跋涉到达了三元里。

街道有形形色色的场景，每日每时你总会看到些什么。街口几位男女街坊踢毽子动态十足，偶有精彩演出往往会令路人驻足。不时过路的"爆米花"更是轰动,吸引如我般众多拥趸,随着一声爆响浓烟飘过,米花香溢满巷道,那位卖米花的阿叔简直就是身怀绝技的英雄。这都是些精致小景。我记得某年国庆节的游行激动人心,那才是街道的大场景,春节的花街也是大场景。当然,街道上不时也会上演街坊对骂邻里争执的活剧。那个年代,我甚至在北京路聆听过慷慨激昂的街头辩论,在禺山市围观过两派大哥哥的严阵对峙。

还有许多其他印象:街中卖橄榄的阿婆口中总是念念有词、前巷修钟表的阿叔总是准时开铺;泰康路上的欧荣记、维新路尾的伍湛记;西横街是笔直的,高第街是漫长的……每条街道都有它的特定印记,每条小巷都有它的独特氛围,如此等等的街道影像,似觉清晰却又朦胧,就这样留在了记忆中……

直到有一天,跟随父母在粤北度过几年五七干校生活之后重回这街道时,我才发现以前一直觉得那么悠长、那么宽阔壮观的街道,原来并不怎么长而且那么狭窄。特别是,这街道还显得那么残旧。现实的尺度与记忆中的尺度实在有很大距离。

尽管有点失落,但终究没有影响这些街道及街道上那些事物在我心目中的分量。尤为重要的是,渐渐地,我还从中读出了许多故事,发现了许多原来不觉的美。即使普通如泰康路,居然也是颇有来历的,这条大致呈西南—东北走向略为弯曲的街道,明清时是广州城的南界,清末时城墙就在今沿街位置伸展,1919年,市政当局拆除城墙建成了街道。泰康路邻近珠江,远近各地用船运来的竹藤棕草大都在这里上岸,因此街道建成后很快就成为山货、竹木、藤具的集中地,经销货品种类数以千计,远销四面八方及至南洋、欧美。弯弯的骑楼廊道下,也逐渐出现许多著名商号,泰康路成了远近闻名的山货竹器专业市场。此外，我还观察到，这片纵横交错的街巷，散落着许多精致的传统建筑和西式小楼，它们陈旧却依然优雅地屹立着。多年之后重访，我还惊讶地发现，伴我度过童年岁月的那幢楼房，竟是相当精致，隐约透出建筑之美！这是过去的我毫不察觉的。楼高4层，漂亮的红砖构成了充满细节的立面，灰白色水磨石米的梁和柱使这立面具有丰富线条和坚硬质感，其中对称而立的仿叠石方形半柱还带有垂直向上的挺立动势。西边转角处一个造型考究的拱形门，则显示了建筑的某种静穆精神。不知有多少人在这里居住过，也没有人知道是谁建造了它。直至不久前人们才发现，原来这是20世纪初美洲同盟会的广州会馆，用于接待来往广州的美洲支部会员。如今这楼房的外墙已略显斑驳甚至有些剥落，但它依然美，依然屹立着作为一个街景，依然和静静的水母湾以及喧闹的泰康路一起继续着它的街道生活。

　　城市总是并且是理所当然不断变化发展的。20世纪80年代以来，广州这座曾经多么恬淡宁静、古风犹存的南方港市，迎来了一次持续至今的城市复兴及跨越式发展的城市嬗变，力量迅速增强，有力辐射华南和影响东南亚，并将迈向国家中心城市和国际化大都市。而作为城市最重要构成的街道，当然也发生了极大的变迁。这座日新月异的城市，一些全新的气势恢宏的街道出现了，一些古旧的街道被裁弯拓宽完全改变了面貌，一些街道被贯通整合得以更新，另有一些街道则无奈地衰落甚至消逝了。随着城市的扩展，原来仅数十平方公里范围的街道网络，被大约800平方公里建成区的总里程达数千公里的庞大街道体系所取代。街道的形式也从平面导向空间立体，天桥、隧道、高架路、快速通道等成为新的构成，街道的概念也变得复杂。与此同时，也有不少历史传统街道走向异化，蜕变为最简单的功能性街道，有些则在旧城改造中变得面目全非，行将失去内在的精神。我们看到的街道景观既激动人心又令人沮丧。广州街道的演变某种意义上就是广州城市气质演变和城市社会发展的一个缩影。

当本书正在写作时,广州为迎接2010年亚运会正在对城中街道进行史上前所未有的大整修,人们形象地称其为"穿衣戴帽",有些街区已经接近完工。这是一个引发热烈争议的城市美化工程,这个工程通过强化"城市设计"、整修街道与建筑、增加公共艺术装饰等做法,重塑及创造城市空间的形象与秩序,提高城市视觉品质,改善城市人居环境。这令人联想到17至18世纪欧美以及20世纪初期美国的城市美化运动(仇保兴《追求繁荣与舒适——转型期间城市规划、建设与管理的若干策略》)。一如当时那些情形,尽管存在许多不足并备受批评,但整个城市焕然一新的面貌已在朦胧中初现轮廓,它令市民得益并有助于保持城市的发展趋势。而且它意味着这个城市在快速发展的同时,已经注意到了城市街道这类似乎无关宏旨其实至关重要的所谓"细节"问题。这是20世纪第一个十年行将结束时广州街道经历的一次仓促却具有深远意义的新变迁——空间与形象的大改写。这与其说是出于具体的某个需要,不如说是城市规律之使然,它关乎生活、愉悦、形象与秩序,以及城市无形的力量。

如今的问题是,这次对街道的高度关注及全面整修,是否意味着街道的重要性已经被真正意识到,是否意味着广州的街道由此将必然变得更好,其中有一些更是必定会变得优秀。这似乎是广州街道思考的一个契机:一个历史的和高速发展了的广州,她的街道到底应该呈现怎样一种面貌,它们何以成为一座城市的街道?

在每天都要反复行走、紧密接触的街道上考究街道的定义似乎有点多余,但城市学家还是提醒我们留意城市街道和乡村道路的区别:城市街道是重要的路,是"街穿过两列房屋和店铺之间",是两列相对的建筑之间闭合的三维的表面。在城市,我们感觉良好的街道大体都符合这样的特征。以前欧洲的城市理论家以剧场背景的角度描绘街道,认为任何类型的街道无非呈现为"庄严的"、"欢快的"和"激情的"三种街景,后来阿尔伯特等人在分析中将前两种列为城市中的或市中心的街道(克利夫·芒福汀《街道与广场》)。庄严的街道古典而又辉煌,适宜社会事务和公共典礼;欢快的街道市民化生活化,喧闹而又祥和,适宜日常生活。这些街道两侧都布满建筑物,具有闭合的形式。激情的街景是英国式小镇街道的普遍形式,两边开敞,远近有山水树木,它是郊区化生活方式的初始动力,霍华德的"花园城市"就是它的现代美学诠释。这些分析不断发展演变,影响持续至今。当代主流的城市理论不断强调街道的本质和它的重要性。那位著名的《美国大城市的死与生》的作者简·雅各布斯有一段关于街道功能及街道重要性的著名的话:街道及其人行道是"城市中的主要公共区域,是一个城市最重要的器官……如果一个城市的街道看上去很有意思,那么这个城市也会显得很有意思;如果一个城市的街道看上去很单调乏味,那么这个城市也会非常单调乏味"(简·雅各布斯《美国大城市的死与生》)。而且,在她看来,不安全的街道绝对不是任何最低意义上的好街道。所有这些,说不定正是今日广州街道的设计者、建造者、使用者们时常或多或少有所忽略的。

我们回忆儿时的或旧日的街道,并不是因为这些某种意义上已经消逝的街道有多么优秀,因而幻想它静止不动留存至今。恰好相反,我们在深感这些街道有多好的同时,也看到了它的许多缺憾。而且,最有历史感的街道也是处在变化中的,唯其变化可以更好地传达城市的历史感和丰富我们的时间概念,尤其是能够让作为个体的我们,在变迁的某种失落焦虑中看到自己的来龙去脉。我们回忆儿时的或旧日的街道,最重要的是希望提示我们对街道的认知回归本质，即街道作为城市的自然构成元素，它不仅仅是用于交通的通道，它首先是提供人们生活及交往的公共空间；街道同时又是城市的社会构成要素，它是物质的又是精神的，我们的街道回忆未必确切，但它充满的情感如此深沉，街道是精神的容器。由此还希望进一步引发关注，作为公共空间和精神容器的街道，同时应该是高度安全、尺度宜人和距离亲切的，一如我们记忆中的儿时的街道。这些街道或许笔直壮阔或许弯曲狭窄，但它能够让人们活动于其中深感亲切且轻松自如；这些街道或许庞杂或许"庸俗"，但它能够让人们在熟悉的人与事当中感到安全而且丰富，很容易并且总愿意走近它。

对街道回忆的美好感觉其实透露了我们对街道的期待。那些充满感情色彩的未必准确的印象，其实就是我们对好的街道朦胧初始却贴切准确的愿景。在这个基础上我们更接近于街道的真实本质。

街道有我们的记忆与情感，街道有以往留存下来的事物，街道提供给我们交往及活动的场所，显然街道就是我们生活的空间——最普通最琐碎的日常生活的空间——并且时刻提醒我们生活总在变动。从这个本质出发，我们最终可以找到理想的街道。如果一条街道，它能够有助于市民邻里关系的形成，环境上又舒适安全，便于大众步行及参与互动，而且具有老房子与新建筑有机混合的充满生活气息的多样性，以及作为地域或文化某种类型的典范，因而能够作为我们心灵的居所，那么这条街道就是优秀的，甚至堪称伟大。

在广州，我们可以期待这样一条伟大的街道吗？

（注：本文是《广州：期待伟大的街道》引言，写于2010年3月。）

现代都市生活方式特征

在城市研究中，现代都市和其他类型城市一样应该是具有明确边界的概念。相应地，现代都市生活方式也应具有明显区别于其他城市的特征。然而在现实观察中，所有这些都是混沌模糊的，城市并不是在某一天进入全新阶段。不过我们依然可以在观察分析中看到动态发展的现代都市生活的独特性质。现代都市是全球化背景下的多元文化混合体，其生活方式呈现全球多元文化混合的明确特征；这种文化混合实际上是都市文化的全新建构，其表现特征是具体生活中的融合和与融合相对应的体现现代都市性质的距离感。融合和距离感是同一事物互为依存的两个方面。都市的其他观感当然也与这些特征相吻合。

一、何为现代都市

后现代主义城市规划的本质在许多方面实际上是向中世纪城市及近代城市的复归。当然那未必是简单的重复或摹仿，但它们在物质结构及形态上是一致的。譬如其拒斥城市功能分区，努力创造综合的多功能环境等，这与中古城市顺应自然条件的做法就很吻合，而与20世纪60年代美国城市学者简·雅各布斯提出的城市多样性思想也颇相通。可以说，后现代主义城市规划是完全模糊或者超越时间概念和文化界线的。城市的概念多而复杂。因此，要叙述现代都市，首先要理清关于城市的一些重要概念，包括当今城市理论中的现代城市、后现代城市等概念，乃至一般意义上的诸如城市与都市的区别等等。

在工业革命和启蒙运动背景下，城市和整个社会一起经历剧烈的变革。随着人口迅速增长以及对城市认识的提高，也伴随着社会分工的日益精细复杂和人员之间依存度的日益提高，理性的、重视科技及资本运用、强调规划及对环境加以道德审视的城市思想及力量主导了转型中的城市发展，于是现代城市产生了。也就是说，现代城市是理性的规划的强调道德力量的，科技高度发达，内部各要素有机依存，各种运作规则与组织得以建立以满足社会各种需求的城市模式或当今城市发展的新阶段。

在现实发展中，现代城市的产生是革命性的事件，是社会变革的产物。正如大卫·哈维所言："除非造成变迁的因子早就潜伏在社会秩序既有的条件中，社会秩序是不可能改变的……如果现代性是一个有意义的词汇，它就必须显示某个创造性破坏的关键时刻。"巴黎19世纪中期的现代性转变就是这样一个生动的"关键时刻"。世界所有现代化城市在其转型过程中，都不同形式地经历了这种涉及社会、政治、经济、文化、科技乃至城市物质结构、市民生活等众多领域的深刻变革时刻。

后现代城市迄今也只是一种规划观点。后现代主义并不是一种成体系的理论，而后现代城市作为一种规划观点或思想，它是大众的、通近的、异质共存的，也是零碎的、混杂的和随意的，体现了后现代文化的不确定性、凌乱性、不可表现性及反讽等品质。因此其在规划上具有反叛理性、价值多元、重视历史文脉等特征。它超越空间，是一种"大得多的折中主义"，而且反对计划强调灵活，体现强调情感而非逻辑的人本主义。可以说，那确实是一个大杂烩。

当今关于人类聚居地的叙述乃至人们的日常运用，城市与都市的概念往往是模糊的，即使搜索有影响力的网络也不例外。然而，在严谨的叙述中，城市与都市的概念必须清晰。例如，如果作为一种城市理论，不时见诸论述中的"新都市主义"，是否意味着与20世纪80年代初崛起的针对郊区无序蔓延带来的城市问题而形成的"新城市主义"设计运动具有某些差异呢？该运动以城市旧区重建代替发展城郊，鼓励步行，努力塑造具有城市生活氛围的紧凑型社区。一般而言，城市是泛指所有规模较大的人口密度较高的人类永久聚居地，而都市，含有"都"的元素，多指作为政治、经济、文化中心的首府、省府或者"大城市"，在当代而言，还应具有国际化的含义。很显然，无论是"城市"或是"都市"，都基于社会学意义上的定义："规模较大、人口密集的异质个体的永久定居场所。"

而现代都市，则是这一社会学意义上的定义在工业革命和启蒙运动以来的城市发展背景下的运用，是与这一历史进程相应的指涉特定内容的现代性的城市。显然，它包含了现代城市的种种要素，包括理性空间、科学规划等等，如我们当前所见的国际上那些最具影响力的城市，或目前我们愿景中的"现代化国际性城市"。

二、现代都市生活观察

城市生活千差万别，各个时代不同类型的城市都有自身的特征。经过对现代都市生活的大量阅读与观察，这里试图归纳出现代都市生活方式的某些重要特征。这些特征是历史性的、不可避免的。

1. 全球化趋向的多元聚合

20世纪20年代初,美国诗人埃兹拉·庞德携妻从定居了20年的伦敦来到巴黎。他说已受够了海峡对岸的雨雾与潮湿。到巴黎后,庞德在蒙帕纳斯田园圣母街住下来,并建立了自己的工作室,在此开启他新的文学旅程。他还邀请同样来自美国的海明威到他的工作室喝茶。事实上,在更早之前,巴黎已经成为许多人的梦想。18世纪末19世纪初即有许多美国人涌入这座城市,形成融入巴黎生活的第一波浪潮。他们当中,既有科学家、政治家、金融家,也有雕塑家、画家、小说家、诗人、新闻记者、杂志主编、出版商、书商等,更有大量的打工赚钱的普通市民。

正如一百数十年来世界各国的人们不断涌入巴黎、伦敦、纽约等现代都市,乃至在这些都市中形成不同族裔的聚居区(譬如纽约布鲁克林、布朗克斯及皇后区早期的爱尔兰人、犹太人和意大利人的聚居区以及现在的俄罗斯人、南美人和南亚人的多元族裔聚居区),中国人也是足迹遍及各大洲的各大都市,并且在当地形成了著名的唐人街,或不称为唐人街的唐人街。现代都市的发展,吸引了世界各国不同族裔的人,而他们当中有相当部分甚至更多的并不居住于本族裔聚居区,而是散布于城市各区。这些居住于聚居区或城中各处的移居者,与早期的市民及其他族裔共同构成现代都市人类学新景观。这是一种必然趋势。在当今日益缩小和更趋开放的世界,此种情形有增不减。悉尼、墨尔本、圣弗朗西斯科(旧金山)、温哥华、东京、香港、新加坡,乃至班加罗尔、上海,在全球化加速的背景下展现出同样的趋势。

这种情形势必持续影响及改变现代都市生活。它使都市日常生活呈现全球化趋向的你中有我、我中有你的多元混合状态。这种混合状态最终形成作为现代都市生活方式的文化混合体的特质。

美国著名城市学家沃斯从社会学角度定义城市，其关键词是"异质性"，城市是异质个体永久定居的场所。这样的界定无疑是十分精准的。当然沃斯还有规模与人口密度的界定，但异质性显然是判断城市社会与乡村社会区别的核心依据。这里所谓异质，深入的理解，是指城市环境中不同类型的人及其所形成的复杂结构的流变与差异。这就决定了城市具有我们通常所说的不同程度的包容性——对个体或组织之间差异性的认同。然而，"异质性"只是适用于所有城市的一般特征，作为基本特质它存在于被我们判断为城市的所有地方，无论是大城市与小城市，或是古老城市与新兴城市。但就现实观察，"异质性"并不足以概括现代都市生活方式的本质及明晰现代都市与一般城市的区别。全球化趋向的多元聚合的文化混合体，正是"异质性"在现代都市本质上可供判断的表现特征。现代都市的"异质性"不仅指"异质个体"，也指全球性不同群体的"异质文化"，这种异质文化经由共生与聚合已经成为一种"新质"。

全球性的多元文化混合作为现代都市生活的特征，呈现为一种常态，举目可见。多年前在加拿大蒙特利尔唐人街偶尔看到由华人社区组织的一个轻松长跑活动，参与者包括华人、欧美人、其他亚裔人及各种肤色人种，热闹非凡。长跑者从圣洛朗大街一路跑来，穿越红墙绿瓦的中式牌坊，沿途不乏围观者和喝彩者。街道两旁尽是悬挂着标有中英法三种文字招牌的各式店铺。人们敲锣打鼓舞起中国狮子，舞狮者以华人为主也包括各族裔人士，一式短袖红衣T恤，俨然盛大的国际派对。这种令人陶醉的多元文化混合的景观实在是再普通不过了。文化混合渗透到日常生活的所有方面，由表及里，当中自然不乏许多生动有趣的情景。

美国大旧金山市是更具规模的另一个多元混合之地，

这里有700多万人口，有来自世界100多个国家的移民，使用近百种语言，堪称小"联合国"。在总人口中，非拉丁裔白人约占42%，亚裔约占33.3%，拉丁裔约占15%，非洲裔约占6%，其中包括近50万来自中国（含港、澳、台）、新加坡、泰国、缅甸、越南、马来西亚等国的华人华侨。这里的人共享彼此的文化，共建共同的生活。节庆是最生动直观的见证：每年年初人们会共同迎接中国的春节，燃放鞭炮焰火，贴春联，举行唐人街小姐竞选和舞龙灯游行；3月以美酒和旌旗招展的大游行庆祝爱尔兰的圣帕特克纪念日；4月以象征美好心愿的精美漂亮的彩蛋共度复活节，分享季节更替的喜悦，同一月份又以音乐、茶艺、太鼓表演、樱花小姐选举等庆祝樱花节；5月有辛克德马友人纪念1862年墨西哥人战胜法军的节日，庆典高潮是在市民中心给节日皇后加冕。还有7月的美国独立日、9月的旧金山博览会、10月的万圣节、11月的感恩节、12月的圣诞节……这实在是一个全球生活的混合，整个生活就是全球生活的调和与缩影。

2. 融合与距离感

现代都市的多元文化混合，并不是世界各国文化简单的机械的相加，也不是全球不同的生活方式简单的机械的拼凑，更不是一种文化吞并或取消另一种文化。在本质上这是文化的融合。在融合的相互作用中构建形成全新的独特的现代都市文化。

最能说明这种融合的重要参照之一，就是跨族裔跨文化家庭。作为城市的基本单位，家庭是生活方式的基础及重要方面，也是文化融合在内容与形式上的重要条件。从这个角度观察，欧美各大都市似乎在很早以前就开始了国际性的文化融合，这里的城市生活也似乎是历来相通的。在这些城市里，跨族裔跨文化家庭十分常见，一个家庭当中，父亲是英国人或法国人，母亲是爱尔兰裔或意大利裔，相当普遍。在此基础上的生活方式也是多元混合的，具有融合的过程。然而，欧美城市早期的所谓融合，实际上只是同属欧洲文化内部的区域文化融合。伴随着地理大发现而远涉重洋的人们，无论是在早期美洲新大陆或是后期的南半球澳洲，那里的人们大多是同属欧洲文化（盎格鲁—撒克逊新教文化）的欧洲人的"海外亲戚"。每一个新大陆的移民都可以找到自己在遥远欧洲的故乡，因此当18世纪末19世纪初大批美国社会精英横渡大西洋来到欧洲时，那实际上是一场文化寻根之旅。同样，无数欧洲人也可以在新大陆发现自己的远亲。事实上，只有在全球化或国际化加速的大背景下，以及包括种族歧视开始得以基本消除等条件下，现代都市真正的全球性或国际性的文化融合才宣告开始。在今日全球的各个现代都市，我们可以看到跨族裔跨文化家庭的迅速增加。据报道，有数据显示超越欧洲文化传统的美国多族裔血统人口在进入21世纪之后大大增加，跨文化跨族裔婚姻越来越普遍，人们对文化及族群差异越来越持包容与欢迎态度。感恩节来了，旧金山一个由泰国裔和华裔组成的家庭，忙着招待亲朋，他们烹制油炸火鸡等各种美味食物，来自不同族裔的客人们也带来了自己烹制的拿手好戏，一个盛大的家庭派对就这样奇特有趣地开始了。当前美国新婚夫妇中跨族裔婚姻的比重已经超过了15%，欧洲不少都市甚至有更高的比重。全球各大都市此类家庭均呈迅速增加之势。广州与中国大陆内地其他城市相比有点独特，近代以来，几乎所有广州人在欧美、东南亚、澳洲都有亲戚，跨族裔跨文化家庭对于他们并不陌生。但其在国内省际之间的迁移却不太多。不过这一点近年已有很大改变。在地理距离上，中国城市人口省际之间的迁移与欧洲城市人口在欧洲大陆国际之间的移民是类似的。相关报道显示，伴随着改革开放和都市现代化的进程，如今中国人的"异地婚姻"甚至跨国婚姻也已变得十分常见，中国人的"婚姻半径"已经大大扩展。中国人已经在很大程度上加入了现代都市多元文化融合的进程。

跨族裔跨文化家庭只是现代都市多元文化融合的一个方面。在这个重要条件和基础上，融合是全方位的。这包括生活方式所涉及的所有方面，如家庭生活、闲暇、消费、日常工作与社会交往，以及精神生活领域的价值观念、道德观与审美观等。充分吸纳各族裔各文化元素的有机融合，将在所有这些方面出现更新，与此同时，融合将促进在都市时间与空间概念上呈现全球或国际意识。

然而，与亲和的融合相对应的，是都市日常生活中个体之间的距离感。这是由现代都市生活的自由属性及个体的异质性所决定的。融合与距离感，是同一事物互为依存、彼此对应的两个面向。在多元融合的生活模式中，作为个体保持彼此之间自由所需的必要距离，这是一种文化的尊重、对自由的尊重。

在这方面，我们时常听到某些对城市特别是现代都市的批评，指都市人冷漠、疏离、孤独，对人缺乏关爱情感。这固然道出都市某种观察的现实。但在多数情况下，这种判断通常包含了传统乡村社会及其观念对现代都市和都市人的误解或曲解。传统乡村社会的生活范围基本上是一个狭窄的"家庭亲属圈"，其中一个成员的事情，往往就是整个"社会"的事情，这与城市—现代都市个体之间的异质性及人际交往的匿名性、非人情性等是有本质区别的。庞大的城市与人口规模以及社会分工细密等因素，注定了现代都市人与人之间、人与社会之间的陌生状态，城市就是无数陌生个体的聚集与沟通。这与都市人的情感状态基本无关。具体的人与人之间的情感距离，并不取决于城市而是取决于个人。恰好相反，城市是最便于人际沟通的地方，城市最大程度地消除了人与人之间的物理距离。

这是一个基本前提。在这个前提基础上，多元文化混合又逐渐形成都市人之间基于包容与尊重的自由距离，由现代都市生活方式进步演变而来的距离感，实在是城市高度文明的重要标志。在此标志之下，现代都市人更包容及尊重不同的生活方式与习惯、尊重别人的隐私、尊重别人的自由、习惯接纳不同事物与之平凡共处、不特别喜欢打听别人的事情。距离感的意义还在于揭示自我，通过某种疏离、失落的外部感觉，让人反省，进而发现内心深处隐藏的自我，洞察人与社会的关系。

如果说现代都市个体之间的距离感是一种缺憾，那么正是这种缺憾让都市人获得尊严、自由与愉悦。随着城市生活的文明进步，个体生活空间的功能区分愈加清晰。纯属个人的私密空间外人是不可轻易进入的，各种公共空间是人际交往、沟通的常用场所，一些由城市文化衍生的特定场所诸如酒吧、茶室、俱乐部、咖啡馆等等，也就伴随着城市生活演变而愈加复杂地发展了起来。这些事物是都市生活方式的自然产物，也是都市对距离感的某种置换性补偿。

三、都市景观

伦敦是公认的全球综合型现代都市，不少分析称其为最宜居的现代大都市的范本。现代都市与其他城市并不存在截然的界线，但各现代都市之间却具有显著的一致性，伦敦呈现了这些一致之处的典型景观。

最重要的是多样性。这种多样性首先表现为一种心灵的景观，它潜藏于个人内心深处，渗透于人际之间。伦敦在居民结构的国际化、少数族裔聚居区的数量、宗教及语言的种类等方面，均远远超过前述蒙特利尔、旧金山等城市。基本结构的多样性，决定了城市生活所有领域的多样性以及城市包容、认同与接纳不同事物并与之相融共处的精神。怪诞持重的英式幽默有助于强化这种精神。伦敦人基本上认为城市丰富多样、千奇百怪是理所当然的和毋容置疑的。在此基础上，我们可以看到无数有形的景观。它们是城市物质生活与精神生活的实体，同时又是现代都市精神的象征。矗立于市中心威斯敏斯特城以东、泰晤士河北岸的伦敦金融城，聚集了英国及来自全球各地数以百计的金融机构，当中还有世界最大的黄金市场、国际保险市场及无数商务机构。世界各地的人被吸引到这里来，因此这里持续上演国际化多种族结构所带来的丰富有趣的生活场景。这是伦敦生活的基础。商业贸易与移民是这座城市成功的关键，也是城市生活复杂多样及伦敦生活方式据以形成的具体缘由。当然，与伦敦生活方式互为对应、相互支持的，还有那些与都市日常生活更直接关联的事物，譬如作为时尚消费区的骑士桥和邦德街，以及繁忙嘈杂、充满商机的牛津街、佩蒂科特巷等路段。同样重要且不可或缺的，还有大英博物馆、伦敦博物馆以及自然史博物馆、国家画廊、莎士比亚环球剧场等。

庞大的高速运转的商业中心、浓缩的包罗万象的全球生活图景、日常生活的街区、便捷的公共设施、无处不在的博物馆……所有的现代都市，无论其历史与性格有何不同，外表如何各异，我们总能从中看到实质一致的景观。其中博物馆是最具意义的标志之一。事实上，现代都市大多建有与其历史传统及地位相称的博物馆，那不是忽然想到需要而刻意"打造"的东西。历史悠久的大英博物馆，始终是伦敦不可或缺的标志性存在。巴黎罗浮宫让贝聿铭加了一个巨大的玻璃金字塔，但它还是那个罗浮宫——名闻遐迩的历史性的让巴黎倍感骄傲的博物馆。这些伟大的蕴涵人类生活无尽藏品的物质载体，堪称现代都市的化身。

某种程度上，现代都市可以用"多样性"一词简单加以概括，其景观亦然。它就像一个放大了的博物馆，以可视的方式向我们展示世界历史的所有积淀以及人类生活的最新成就。正如城市学者所言：现代都市本身就是一个世界博物馆。

后 街
日志中的城市
第二部分

城市随笔

后街 | 日志中的城市

惨不忍睹的海珠广场

偶尔路过海珠广场，举目所见一团糟糕，因地铁6号线施工拖延，这里大面积围蔽6年之久，其情形简直可以用惨不忍睹来形容。从一德路向泰康路且行且看，只见整个广场被切割得支离破碎，多处围蔽的工地布满简易工棚和大型机械。一德东路北侧原精品市场拆除之后，粗陋的铁艺围栏将此处圈成一片暧昧怪异的闲置地块。这个原老城中心具有象征意义的优雅空间，如今杂乱颓败，街道不像街道，广场不像广场；没有街道，也没有广场。

北边的广州宾馆已然残旧。这座建于1968年的27层高楼曾经是中国大陆的最高建筑，它与西侧维新路对面的旧交易会大楼以及前面的广州解放纪念雕像，曾经共同构成广州20世纪中后期最为经典的城市标志性形象。对海珠广场最早的记忆，是小时候父亲大清早唤醒我们兄弟数人在这里跑步晨运，还有晚间与邻居小伙伴们在此地捉迷藏，草地上和棕榈树下的灌木丛正是最好的藏匿之处。海珠广场周围白色的铁艺围栏给人印象最深，列立的方框内铸有精致的稻穗造型，它几乎就是海珠广场的符号。而这些仅余部分的铁艺围栏，是今日海珠广场唯一保持的早期广场的象征之物。海珠广场是20世纪50年代初期在战争遗留的一片废墟瓦砾上建成的。广场所在地段是广州近代城区的中心，又是广州城区最繁盛的商业地带。广场南边滨临珠江的长堤即今沿江路，和穿越广场北端的泰康路及一德路，是广州最早开辟的近现代马路，而海珠广场本身也是广州最早的一个滨水广场。因此广场建成之后，它那特有景观很快就成为这座被称为祖国"南大门"的城市的经典标志。

然而这个广州经典标志，随着城市演变而逐渐被冷落与遗忘了，成了一片清冷琐碎之地。原以为在新世纪初的城市重塑中它将得到复兴，没想到却在接踵而至的地铁兴建中进一步陷入混浊与粗鄙的泥潭。2006年下半年海珠广场因地铁施工开始围蔽，地铁6号线经过此地，除海珠广场站本身，还有附近黄沙、文化公园、越秀南、东湖等站的建设器材都放置于此。这里也是上述多个站盾构施工的始发点，各站施工的设备和人员大部分都是从这里进出，因此使这里的围蔽范围特别大，工地特别多。显然一定时期的杂乱是不可避免的。问题是6号线的工期一拖再拖，成为一条建设耗时最长的线路，市民难以忍受。2008年谊园精品市场的拆除更令这里的环境雪上加霜，海珠广场由此变成了一个大尺度开敞的不规则空间。作为城市广场，这个空间是模糊的，没有城市感的，而空间当中则是杂乱无序的。

当然早期的海珠广场也并非尽善尽美。以前无数次走过这里，在觉得它不错的同时，总感觉仍有所欠缺。从城市广场的结构及审美视觉看，海珠广场的围合性还不够强，环绕广场东、北、西三面的建筑略嫌稀疏低矮。无论中世纪城市或是近现代城市，优秀城市广场最重要的特征是边界清晰的完整围合。人们沿着街道漫行，越过围合的建筑从各个入口进入广场，在这个过程中体验广场的功能与魅力。这种体验在英国城市学者克利夫·芒福汀所著的《街道与广场》中有详细的描述。他认为围绕城市广场的建筑物应该构成一个连续的表面，并且为观察者呈现建筑的统一性，这甚至是城市公共广场的先决条件。这些看法与建筑学的奠基人、15世纪意大利文艺复兴时期的阿尔伯蒂关于理想广场的概念是完全一致的。美国城市规划师埃德蒙·N·培根在其所著《城市设计》一书中，生动地记述了从不同入口进入佛罗伦萨具有完美围合的西纽利亚广场的情形，从阳光下的海神雕像到乌菲齐宫的侧影，那种不断定向与迷失然后重新定向的对于景观变换的惊异感的描述，令人印象深刻。海珠广场的围合性，从一开始就存在明显欠缺。后来陆续出现了中国出口商品交易会大楼、华侨大厦、广州宾馆及华夏大酒店等，遗憾的是这种围合趋势未能持续下去。

其实，对海珠广场的更大损害和威胁可能来自已经拆除了原有建筑的周边地块，尤其可能来自支撑这种拆除行动的对海珠广场的改造思路。地铁施工的影响总会有尽期，6号线最终是会建成的，倒是海珠广场的改造思路更值得人们警惕。那些已拆平了的周边地块是用于完善对广场的围合，还是用于广场的扩张，抑或作为影响广场空间完整的其他怪异存在，这些都牵涉到未来海珠广场的前景。原来的海珠广场是亲切宜人的，它应该保持原有的人性化尺度。所谓人性化尺度，简而言之就是适合人们步行、站立、小坐、观望、会友与交谈的尺度。特别是，海珠广场是继续作为城市广场，还是作为一片占地更广阔的其他什么呢？显然，在这个老城中心，海珠广场应该保持历史的延续性与可辨性，以便让市民身处其中，继续拥有对此地的亲近感、适应力和驾驭力。但愿海珠广场继续成为海珠广场。

我们这一代人的海珠广场是初始的优雅、虚渺的期待和持续的衰败。我们下一代的海珠广场将会是什么呢？这只有让时间来回答了。

……

陈家祠的大广场

日前读《南方日报》"广州观察"版，我得知位于陈家祠以北地块的陈家祠岭南文化广场二期工程，已有初步的规划，包括兴建旅游文化中心、展览区、广场和绿地等。报道称此项目力争年内立项，明年拆迁，2015年完成。看了报道之后，感觉对于该街区来说，这可能不是一个好项目。

今日陈家祠四周已被拆得过于空旷，如果再来一个二期工程，增加广场与绿地，此地势必更显空旷。这样一来中山七路作为街道的连续界面将被进一步打破，街道的空间领域感和围合性将更加微弱，此一街段的街道节奏感也将失去。行人至此，感觉将不像是行走于城区街道上。尤其是它不符合紧缩型城市的原则。过于空旷的地面，会让此处显得清冷单调。陈家祠作为建筑本身并不宏大，却为它配以如此壮阔的广场绿地，比例上也失衡。如此失衡的比例，视觉上也是不美的。

纪念性建筑或有价值的历史建筑深藏于街区当中，甚至由于岁月的原因而被四周"庸俗"的建筑所包围，这本身就是历史，这本身就具有价值。在历史建筑保护中，我们是否可以通过拆迁等手法，重新将这些建筑再突显出来呢？这是一个只能因具体建筑而异的难以一概而论的问题。通常情况下，尊重历史现状是更可取的做法。最大的原因是，整个街区的历史现状比单个建筑的突显同样或更具有历史价值，同样或更具有纪念意义，而且往往也同样或更具有艺术审美价值。这里并不排斥适度的整饰。像陈家祠这样原来周遭环境过于逼仄残破，适量拆迁整饰是可行的，但前提是必须保持原有的在漫长历史中形成的街区肌理不变。突破了这个前提就是值得商榷的。现在的问题是，陈家祠在一期改造中已经大面积拆除了附近建筑，在陈家祠与中山七路之间建成了一个宏大的广场。大尺度的广场，烘托小尺度的低矮建筑，这在视觉上是失衡怪异的。现在还要再来一个二期工程，将这种失衡怪异推向极致！历史形成的大片古老街区，将被一个无意义的现代广场所取代。

　　我们对历史建筑保护的做法时常陷入一个误区，那就是总是要铲除历史建筑周边的建筑，以为这样就能更好地突显历史建筑的价值从而实现更好的保护。这样做的结果往往是以大破坏换取小保护，并且将历史建筑与历史生活割裂，将历史建筑所在街区丰富的历史信息一笔勾销。这种方式多少显得野蛮：为历史建筑的生存权而轻率扼杀普通老建筑乃至整片旧街区的生存权，视普通老建筑乃至整片旧街区为无物。广州大元帅府的保护也是如此，不惜拆除近百年来大元帅府所在区域的大片老建筑，美其名曰恢复大元帅府当时的历史原貌。这实在是一种野蛮的保护方法。无视历史建筑与周遭环境原有的完整关系，将所有被认为阻碍了观赏历史建筑视线的建筑拆除光，把历史建筑孤零零地置于一片广场或绿地中，学界有人将这种所谓保护方法称为"法西斯式保护法"。然而这种野蛮的方法在我们这座城市中居然是大行其道，广为实施。

　　其实，让陈家祠和它周围的古街旧巷融洽相处，让大元帅府和它近旁的纺织厂宿舍相互辉映，并没有什么不妥，这反而是城市的一种历史之美。

城市街区是市民生活的地方，应该充满建筑，提供丰富多样的选择。城市街道理论告诉我们，一定距离范围内建筑越多，对街道或街区的贡献就越大。建筑会有由上而下贯穿的垂线，垂线之间往往是一栋建筑的结束和另一栋建筑的开始，建筑越多垂线也越多，这意味着多样性，而多样性对于好的街道或好的街区来说是至关重要的。况且建筑垂线本身也充满变化富有趣味。如今，当我们把历史建筑周围的普通建筑都拆除了，剩下孤零零的历史建筑显得如此单调，它和它所在环境的吸引力势必锐减。

但愿决策者们认识到，让静静的陈家祠继续深藏于静静的老街窄巷中，既是城市的规律，也是一件有意思的事情。

黄花岗上党人碑

　　黄花岗七十二烈士墓园是中国民主革命历史中最撼人心魄和最令人肃然起敬的一段悲壮历程的见证之一。广州"三·二九"起义失败后,同盟会员潘达微冒死将七十二烈士收葬于此。1912年,广东省议会决定重修烈士墓以作永久纪念,建筑师杨锡宗将此地精心规划为墓园。掩映于苍松翠柏之间的烈士墓和高高矗立的精致厚重的碑石,构成了这个庄严肃穆的独特空间。

　　这是广州一个历史性的场所。1911年4月27日即农历3月29日,革命党人在孙中山、黄兴等策动下发动广州起义,揭开辛亥革命的序幕。为推翻帝制创建共和,一批革命志士抱着必死信念从省内外各地云集而来,或从海外匆匆归来,有的还写下绝命书,"决志捐躯于沙场……以尽国民之责任。"起义者以越华路小东营5号为指挥部,黄兴率领选锋队由此出发,进攻并占领了位于今越华路西端的总督署,两广总督张鸣歧逃走,选锋队放火焚烧总督署。随后清军组织多路兵力,向起义者反扑合围。起义者兵分三路在城中各处惨烈激战,终因寡不敌众而失败。革命党人在起义中付出了重大代价,他们血溅街头,舍身成仁,战死和被捕牺牲者总计86人。死难烈士被暴尸街头数日,后被收集堆放在咨议局前面的旷地上,断头折臂,惨不忍睹。以报人为公开身份的同盟会员潘达微冒着生命危险，多方奔走，谋地营葬，觅得广仁善堂赠予的城北沙河马路旁一片名为红花岗的"青草白地"。又连夜安排棺殓营葬诸事，次日即初四日"见星而起"亲往尸场组织件工收敛。他们将烈士遗骸洗静血迹逐一入棺，清点共得七十二具。百余件工在纷飞细雨中抬着灵柩浩浩荡荡前往红花岗安葬。潘达微认为"黄花"二字意象雄浑，故将红花岗改名为黄花岗。"黄花岗七十二烈士"之名从此广为流传。"三·二九"起义敲响了清王朝的丧钟，烈士碧血铸就了自由中华。孙中山高度评价说："是役也，碧血横飞，浩气四塞，草木为之含悲，风云为之变色……直可惊天地，泣鬼神。"黄兴有挽联曰："七十二健儿酣战春云湛碧血；四百兆国子愁看秋雨湿黄花。"自由之魂，节烈黄花，正是这个静谧墓园的场所精神。

场所正面入口位于先烈路西侧。墓园的主要建筑均集中在起始于入口处的中轴线上，包括正门牌坊、墓道和陵墓。从顶部刻有孙中山亲笔所题"浩气长存"四个大字的银灰色的宏伟牌坊进入墓园，沿着230米长的墓道缓步前行，即可感受到整个墓园庄严宏大的气象。墓道两旁翠柏长青，繁花竞放，前面就是由方表墓冢、自由钟墓亭和纪功坊等组成的庄严肃穆的墓园核心建构。

越过墓道中部莲花池上的一道拱桥，便可近距离观览。平面呈正方形的墓冢，四周筑有花岗石墙，墙垣上有铁柱铁链。建于其上的墓亭为西方柱式风格，内置墓碑碣上刻"七十二烈士之墓"七个字，上承三角山花和钟状亭顶。纪功坊是墓园最主要的建筑，平面呈长方形，以花岗石砌筑。坊墙正面刻有孙中山手书"浩气长存"四个大字。坊身有前后贯通的三个门洞，中间的大门洞以双柱承托石额和山花，石额上刻有章炳麟题书"缔结民国七十二烈士纪功坊"篆字。坊顶是宏伟的叠石台，用前后立面各

72块合共144块矩形青色花岗石砌成金字塔形，顶端矗立着右手高擎火炬的自由女神像，象征烈士为自由献身的精神。这座总高约14米的纪功坊，成为黄花岗七十二烈士墓园的标志性建筑。

瞻仰黄花岗七十二烈士墓，应当特别留意竖立于烈士墓周围的五块石碑：《黄花岗七十二烈士之碑》、《黄花岗七十二烈士碑记》、《审查续得烈士十六人碑文》、《补书辛亥三月二十九日广州革命烈士碑》和《广州辛亥三月二十九日革命记》。这五块石碑详实记述了起义的历程和墓园建设的经过。其中竖立于纪功坊后面的《广州辛亥三月二十九日革命记》，高3.92米，宽1.82米，是广州现存最大的石碑之一。当年潘达微收葬烈士遗骸受到保皇党刊物恶意攻击，他勇敢地在报上撰文阐述其事，取题为《咨议局前新鬼录，黄花岗上党人碑》，用语精警，寓意深刻。如今徜徉于烈士墓周围，细读这些精雕细刻、字字凝重的"党人碑"，依然可以感受到革命党人的不死精神。

令人欣慰的是，黄花岗的命名者潘达微也长眠于墓园，他的墓冢就在七十二烈士墓北侧，他的义举和烈士的功勋一样永远留在了人们的记忆中。邓仲元、杨仙逸、冯如、史坚如等烈士以及越南烈士范鸿泰等也安息于此，他们墓前有碑石，记述其光辉闪耀的生命轨迹。

漫步黄花岗七十二烈士墓园是如此之美。不仅因为此处每个建筑都有较高审美价值，单是一块碑石也是极美的。园内碑石遍布，既有墓上的碑碣，也有各种碑记，以及纪念性的碑林，每一块都浓缩了历史风云，每一块都透出异乎寻常的美感。就连纪功坊也犹如一块耸立天际的巨大碑刻，宏伟而壮观。整个墓园就是一个独特的城市场所。这是一座城市的丰碑。

天桥不是珠江新城的理想选择

近日《南方日报》"广州观察"版报道，珠江新城金穗路天桥规划四年未动工，指此桥七次宣布将要开工建设却至今未见踪影。报道说市民苦盼建天桥，又引述专家教授说不兑现承诺会严重影响服务型政府的形象。而在此前，报道说珠江新城将要建八座天桥，以解行人交通之困。

这实在是一种对天桥的"特殊的仰慕"情结。暂且撇开报道所指政府公信力和行政效率不说，果真如此兴建，珠江新城恐将变成一座天桥之城。天桥——这种在中心城区通常不得已而为之的极其影响城区景观乃至城区发展的庞然大物，势必横七竖八布满珠江新城。君不见，我们已经在北京路和中山路交接位置和文明路与文德路交接位置先后拆除了此物，如今我们又要重蹈覆辙吗？

步行是街道最重要的活动，一条好的城市街道首先是要适于步行的，城市中心的街道更是如此。珠江新城作为广州新的中心城区，它的街道应该为行人提供最大的便利，包括步行的舒适与便捷。天桥对于街道步行者显然不属于便捷的设施，那种不管烈日当空还是刮风下雨都要拾级而上及绕道而下的烦扰，即使对于青壮年人也肯定不是什么舒适与便捷。中心城区街道最大的舒适与便捷，就是要让行人在交通灯的调度下，从为方便行人而优选设置的斑马线上直接越过马路。这会影响街道上汽车行驶的速度，但请注意，中心城区汽车行驶的速度本身就应该降下来。指望在一个巨型城市中心城区的汽车行驶速度像在郊外一样畅行无阻，犹如排放流水的下水道，这不是一种城市思维。如果说确实有必要在人流较密的某些路段增加设施方便行人，提供更多选择，那也应该是过街隧道而不是天桥。而且过街隧道也应尽量避免拐弯而设计为最短的最直观的路径。

面对中心城区的交通，天桥实在是一种最简单甚至是有点敷衍的应对。某种意义上，在珠江新城架设大量天桥，相当于在上海外滩、香港弥敦道和尖沙咀、巴黎香榭丽舍大街和圣米歇尔大街、巴塞罗那兰布拉斯大街架设大量天桥，也相当于在纽约曼哈顿、伦敦金融城架设大量天桥。

可以想象，当我们行走于珠江新城，在华夏路及金穗路等景观壮美之处，突然横亘着一座硕大的阻挡视线的天桥，粗暴阻断原本连续的街道景观和城区富于节奏感的天际线，还会有视觉的愉悦和美的感觉吗？城市中心区的视觉之美是至关重要的，它是街道舒适的重要条件。这绝不仅仅是单纯的美的问题，而是直接关系到人们是否喜欢这里因而是否愿意在这里作更长时间逗留乃至是否愿意选择这里的问题。城区与街道最重要的因素是人，没有人气的城区与街道注定是清冷萧条甚至是要衰败的。珠江新城可谓壮美，但如果添上天桥，那一定是这美丽图画中的败笔。

我们已经习惯于将街道看作排放高速车流的通道，而忽略了街道首先是作为城市最重要的公共生活空间。处理像珠江新城这样的中心城区的交通，我们尤其应该跳出既有思维，回归街道本质。珠江新城的进一步繁盛，有赖于我们激励更多的步行者活跃其中，在这里，汽车及车速作出退让受到限制是理所当然和非常自然的。国际上不少城市空间与形态学者早已指出，过街天桥与隧道应该作为不得已的最后选项，应该让行人和自行车保留在街道同层平面上有尊严地过街，由此使汽车开得慢一点，停得多一点，从而使城市街道变得更友好、更安全。欧洲一些城市已经在原先设置了过街隧道的街道上，通过科学的斑马线设置和交通灯调度，重新恢复了行人和自行车在街道同层平面上过街的基本模式。

  天桥并不是珠江新城的理想选择。解决珠江新城的交通问题，应该可以找到更人性化和更有利于珠江新城发展的好方法。

中山大学校园的碧瓦红墙幻景

五月的中山大学校园烟雨朦胧，密林草地，碧瓦红楼，仿佛置身于缥缈的幻境。这是一个坐落于城市又独立于城市的另类场所。它似乎不是四周街区的连续部分，它既属于这座城市又不属于这座城市。对这座城市来说，它存在着，却似真如虚。

从南到北贯穿整个校园的逸仙路，将这个巨大校园分为东西两大部分。这是一条美极了的林荫大道，在广州城中再也找不到第二条。高大茂密的树木掩映之下，大道中央绿草如茵，绵延伸展，两侧是浓荫遮盖的人行道，接着是连续排列造型各异的陈旧却精致的小楼。这是中山大学校园的中轴线。

雨季时节，中轴线上的绿色会特别浓，纷纷扬扬的细雨令满眼的绿树更显苍翠。天气晴朗的假日，这里会有许多来来往往休闲漫步的行人，而大道中央则会有更多的人三三两两散坐在翠绿的草地上，享受阳光的暖意或树荫的清凉。中轴线上的绿意闲情是一道美丽的风景。

逸仙路沿线矗立着许多具有特色的有纪念意义的景点及建筑物，这更增添了校园中轴线上的历史人文色彩。从校园南门进入逸仙路，很快就可看见醒目竖立着的孙中山亲笔题写的校训"博学、审问、慎思、明辨、笃行"金色大字。这十字训词以著名的红墙绿瓦的怀士堂为背景，显得典雅且气度非凡。怀士堂是1917年落成的美式砖楼，正面有贯通两层的砖砌方柱及门前的石砌台阶,两侧是坡形瓦顶的三层塔楼。该楼原为岭南学校基督教青年会馆,为纪念捐赠者美国华纳和史怀士公司总裁安布雷·史怀士而定名。1923年12月孙中山到岭南大学视察,正是在这里作了青年学生"立志要做大事,不可要做大官"的著名演讲。逸仙路的中部,矗立着日本友人梅屋庄吉所赠的孙中山纪念铜像。此像1933年奉置于中山大学石碑旧址,1954年广州市政府借置于中山纪念堂,1956年再转置于现址。逸仙路的西侧,有始建于明崇祯八年(1635)的原立于广州四牌楼的乙丑进士牌坊,以及门前置有近代中国十八先贤铜像的永芳堂。路的北边则有蓝色玻璃幕墙的岭南堂,以及矗立着双层牌楼的北门广场。

中山大学校园的教学区和重要建筑多集中在逸仙路中部及以东区域,当中许多建筑实在是场所精华,让人不由自主地放慢脚步并停驻凝神。马丁堂就是这样一个建筑。位于岭南路北侧的马丁堂建成于1905年,长50.7米、宽16.1米、地面3层半高15.8米。墙身是典型的西式风格,周边以柱廊围合,讲求砌砖艺术,突显立面光影效果,南立面主入口前有花岗石台阶。顶部则是中式大屋顶,采用绿色石棉瓦,形成红墙绿瓦、中西合璧的折中主义建筑特色与风格。这幢当年以捐款最多的美国企业家马丁名字命名的精致楼房,是中国第一幢砖石钢筋混凝土混合结构建筑。就是这幢外表并不算特别华丽的楼房,不仅见证了中山大学的演变历程,而且在中国建筑技术史上据有重要地位,对研究中国近代建筑发展有重要参考价值。马丁堂东边的另一幢建筑格兰堂,也是历史悠久富于特色。格兰堂因其上部有一大钟而又称大钟楼,落成于1916年6月,为纪念岭南学堂前身格致书院的捐资者格兰先生而命名,1952年之后一直是学校的行政办公大楼。此楼高四层,拱廊环绕,砖柱精致,气度非凡。置身这些老建筑场景中,你会有一种重回往昔之感，勾起种种思绪。你会绕楼三匝独自徘徊。而在附近，还有一幢同样引人关注的建筑，这就是岭南路南侧、门牌为"东南区一号"的两层楼房。但这幢小楼被关注并非因为它的红墙绿瓦，此类小楼在校园到处可见，而是因为它是中国现代最负盛名的历史学家、古典文学研究家、语言学家、思想家陈寅恪先生的故居。陈寅恪先生在此居住时双目已经失明，行动不便，因此这里也是他的教学课室。他以惊人毅力写就的80余万言的巨著《柳如是别传》就是在这幢小楼中完成的。斯人已去，空余静静的楼房。楼上的拱廊、带百叶窗的房间，楼旁的高树与草坪，均记忆着陈寅恪生命最后20年的种种往事。不知这些往事所包含的细碎生活的片段、广博深沉的知识与思想，以及他内心深处深刻的痛苦，能否从今日楼前矗立着的先生的铜像中一一读出。

校园中像这样令人久久仰望、静静凝思的建筑还有很多，岭南大学首任华人校长钟荣光的寓所黑石屋、马应彪夫人养护院、荣光堂、爪哇堂、十友堂……所有这些建筑连同高大的树木、广阔的草地，以及当中浑然弥漫的学府气息，共同构成了这座城市不可多得的幻境般的场所。

从朦胧的黄昏中走出校园，我暗想：这真是一个可以让灵魂安静或者至少获得片刻安静的地方。同时又想，这里有规模不同的图书馆，有精致的雕像，有各种纪念性建筑，可以让我们借此靠近那些高贵的灵魂。但这里绝不是那种矫揉造作、不食人间烟火的"高雅"地方，这里有着最琐碎的事物，包括各种服务部、门市部、小卖部、维修部以及小型超市、快餐店、银行等，琐碎得有点杂乱，适宜最普通的日常生活，还有逸仙路尽头的玻璃幕墙这样怪异的建筑。这就是中山大学校园的魅力所在。噢！这种地方，城中哪里还可以找到？

旧厂房改造小议

近日《南方日报》"广州观察"报道，广州市海珠区旧厂房改造已完成大半，但部分企业还存在"转型忧虑"。报道使用了《遍地"梦工场"，何时能圆满》的醒目标题。文内穿插一张大照片，画面是显然经过整饰却空空荡荡的旧仓库景观，下注"太古仓创意时尚园仍需聚集人气"。

我已经不止一次看到有关城市传统工业区旧厂房改造的报道。在城市的现代化进程中，那些不适合留在城区的传统工业企业，将不可避免地经历向现代城市产业的历史性的转型。广州市仅海珠区就有300多个面临改造的旧厂房，可供盘活的用地约750万平方米。据报道，当年的人民印刷厂如今已经变身为"印刷文化创意园"，珠影老厂也成了"珠影文化创业园"，纺织机械厂更是早已蜕变为"T.I.T国际服装创意园"。然而，对于此类报道，我的关注点更集中于有关城区空间形态的"遍地'梦工场'"问题。

在旧厂房旧仓库改造中，相当部分项目策划者缺乏创意，只是一味模仿。上海旧厂房改造成功，于是我们也搬过来，搞出广州的"梦工场"，而且遍地开花。似乎广州那么多旧厂房旧仓库的转型改造，从文化产业角度看，就只有"梦工场"一条出路了。原本富有创造意识的广州，什么时候沦落到只会模仿的境地？联想到比上海外滩更早出现的广州长堤，如今居然提出要建设成为广州"外滩"，如此以模仿为荣实在令人无言。

思路上的简单模仿，再加上具体实施上的缺失，导致相当部分"梦工场"的清冷境遇。就以太古仓创意时尚园为例，过于宽阔而又空荡无物的大街、划一呆滞欠缺细节的建筑立面、沿街氛围以及内容品位上的平庸，构成了既无创意也不时尚的名不副实的整体景观。这里缺少足以吸引人的基础元素——属人的尺度、丰富的细节、多样性的愉悦。这样的街区空间形态，当然是难以汇聚人气的。

我欣赏城中部分旧厂房旧仓库独特的建筑之美。它们之所以是美的，其中重要一点就是它们凝聚了我们城市的历史记忆。正是这一点使它们更显得美。我们以恰当方式将其激活，这些旧厂房旧仓库将作为新型的街区空间继续参与城市的生活。然而，无论是"梦工场"抑或是"创意园"，只要是改造成为城市公共空间，就必须了解及遵循城市公共空间的规律，必须了解一个好的城市场所的必备要素。但是我们也不要过高估计这些旧厂房旧仓库在今日城市生活中的实际价值。事实上，并不是所有旧厂房旧仓库都适合"梦工场"的思路。盘活这些传统工业企业留下的资源，应该有多种思路和多样化的选择。

对于广州来说，像"梦工场"这种园区作为开放的城市公共空间，如果真能做到富有特色及精致，并且具有一定规模效应，那么一两个已经足够了。

重修越秀山城墙所想

傍晚，我到越秀山散步。沿途有刚刚重修的广州明代城墙为伴，感觉颇好。期待修补的部分尽快变旧，与原有部分融为一体，这样感觉会更好。重修城墙的事肯定是有争议的：有人认为重修的部分就是假古董，有人认为对已然破旧的建筑进行修补很正常也有必要；有人欣赏完整的事物，有人欣赏残缺之美；有人认为修旧如旧的整饰是对古建筑的保护，有人认为保护好现状是对历史的尊重。如此这般，不一而足。

凡事不应绝对。每种观点都可以找出许多依据，争论会很激烈。关键是要就事论事，对具体问题作具体分析。而且争论中不应错误想象只有自己才最爱这座城市、这个建筑或这个古迹，不同意见者则肯定是别有用心；也不要习惯性沿袭一种谬误，即认为唯有自己最懂这座城市、这个建筑或这个古迹。这样争论才会理性有效，得出真知。

此刻，凝望这静静的越秀山明城墙，在山间的风和茂密的林中边走边回顾城市的历史。我想，这不是很好吗？尽管这城墙修补得仍有缺憾，在建筑美感上与个人审美要求也有距离。但这不是在整个城市恢复旧城墙，而是在越秀山范围的部分修复，作为局部修复未尝不可。而且，修补也是古建筑保护的方法之一，以这一方法用于越秀山旧城墙的保护是可取的。

部分专家及舆论总是一概反对古建筑的重修，更反对重建，认为重修或重建之后的古建筑就是假古董。他们担心古建筑一旦经过重修或重建就会失去真实性和历史价值。我认为这是绝对化的观点。就一般来说我也认为最好是不加变动地保持原建筑本身，主张顺其自然地保持建筑在漫长岁月侵蚀中所呈现的面貌。但这并不是绝对的，并不意味着只有一个选择。为什么不可以重修或重建呢？一些重要的建筑随着时间推移逐渐残旧了破损了，甚至严重损毁于一场突如其来的灾害，后人在某个时候加以重修甚至重建，这种情况古今中外普遍有之。真正的完全未经重修或重建的古建筑只是所有古建筑当中的一个部分。若按假古董说法推论，许多古迹都是假古董了。著名的罗马万神殿是毁于公元80年一场火灾之后重建的，更在公元120年作了部分改建，这是假古董；始建于9世纪的法国伟大的哥特式建筑沙特尔大教堂则是经历了1020年和1194年两次火灾之后两度重建的，同样是假古董；最早完成于秦代的中国万里长城也经历多个朝代的建筑重修，其中著名的北京八达岭段就是明长城，并且经历多个朝代的修复，也是假古董；建于公元537年的广州六榕花塔北宋初年毁于火后于宋元祐元年即公元1086年重建，同样是假古董……显而易见，这些判断是荒谬的。从客观现实情况看，简单地绝对地反对重修或重建古建筑的看法是片面的和站不住脚的。

什么是古建筑的真实性和历史价值呢？建筑一旦被建造出来，连同此后的所有变动，都是真实的存在。古建筑的真实性就是其在历史上存在、变化以及被使用的过程，而且这一过程被准确地认识。建筑包含的以往生活的信息就是其历史价值所在。具有越久远的存在，其变化越能反映当时的社会生活，则越具有历史价值。由此而言，一座历史上曾经被重修或重建过的古建筑，它向我们呈现它存在与变化的过程并由此向我们呈现一段历史生活,这样它就具有毋容置疑的真实性和历史价值。历史是时间的概念,时间是过去向现在及未来的绵延。2000年前重建过的罗马万神殿依然是罗马万神殿,近现代修复过的中国长城依然是中国长城。而我们今天重修的越秀山旧城墙,它依然是越秀山旧城墙。古建筑不因曾经重修或重建过而改变性质,也不因曾经重修或重建过而失去历史价值。

对于保护古建筑认识上的简单化和绝对化,除了知识方面的原因,还因为思维上的僵化。我们的文化有一种很严重的惰性,那就是:绝不容易接受改变,绝不容易接受新事物。而一旦在付出足够代价之后终于接受了,也通常会是这样的结果,即变化了的事物从此成为新的定式不得越雷池半步,开始新一轮的漫长的僵化。

我们敢在北京紫禁城内加建一个"金字塔"从而赋予紫禁城以新的生命吗?我们敢在传统城区的四合院当中加建一个"蓬皮杜文化艺术中心"从而把最前卫的建筑融注于京城最古老的社区吗?肯定不敢。我们连想都不敢想。我们会觉得就是想一想也是犯罪。我们只会在欣赏和描述贝聿铭的罗浮宫金字塔时极尽赞美之能事,只会在眺望和指点蓬皮杜文化艺术中心时赞叹它如何大胆而优美地划破巴黎的旧城天际线,似乎我们真的那么一贯具有创新精神和欣赏新事物的能力。其实我们不过是叶公好龙和事后诸葛亮罢了。

广州地铁：下一站通往哪里

从太古汇坐地铁回家。这似乎是今日最后一班地铁。乘客不太多，车厢颇为安静。我在中间一截车厢找位置坐下，享受喧嚣过后的安静。相信此时地面上的整个城市也逐渐安静下来了吧。在这高速穿行于地底的不再拥挤的车厢里，在这单调却富有节奏感的轨道运行声中，我不禁思索起广州地铁的种种事情来。

记忆之中，地铁这个庞然大物，是20世纪行将结束时才姗姗而来进入广州人的生活的。1999年6月28日广州地铁1号线开通，我参与了电台组织的开通直播仪式，是它最早的乘客之一。不久后的一个晚上，我与家人陪伴母亲也来体验一回这个广州最为先进的公共交通设施。我们从公园前站直奔芳村终点站，然后再返回。车厢凉快而清静。搭乘者不太多，许多人脸上露出新鲜感。那时地铁还未完全进入市民生活，因此感觉它更多还是作为某种象征——城市现代化的时髦象征。10年过后，当我与家人前往南沙天后宫游览时，地铁已经成为了不二之选。那是初秋某个晴朗早晨，我们从越秀公园乘2号线南行，在万胜围站转4号线，之后经官洲、大学城北、大学城南、新造、石碁、海傍、低涌、东涌等多个站，一路上客流如潮。此时地铁已然成为广州人日常出行的重要工具。4号线有相当长的线段是在地面高架桥上行驶的，沿途阅尽城乡风光。我们在黄阁站下车，游览之后又从原线返回，半天时间，尽享地铁大集体交通的实用、便捷与快感。

又过去几年，今日广州已经进入地铁时代。标志是地铁已经形成规模相当的网络。在城市的地下深处，已有总长229.6公里共143座车站在运行，还有多条线路正在建造中。2014年底某个周末中午，应老同学之约到番禺西部某乡郊餐厅聚会。餐厅依山建有养鸡场，三人小聚以茶当酒。此时地铁2号线已经拆解部分线段为8号线，并在昌岗站接上延长线直抵武广高铁广州南站。餐后告别老同学，就在广州南站乘地铁2号线顺畅返回。这是一段不短的距离，但我只用了半个多小时就回到了家。

在广州，地铁这种迟到得太久的大集体运输系统，一旦到来却又发展得异常迅速。此前媒体透露，广州今年将投入400亿元建设170个交通项目，其中包括加快地铁6号线、8号线、9号线和广佛线广州段的建设，力争14号线、21号线和知识城线在今年内动工。这些并不是偶然激增的数字，这座城市近十多年来对交通设施包括对地铁的投入都是惊人的。最近又有报道说，广州已获国家批复同意再新建7条地铁线路，此规划如实施后，广州地铁运营里程将达到500公里以上。

此刻，地铁在地下快速穿行，越过了动物园站、区庄站、淘金站，很快就要到达转乘2号线的广州火车站。有乘客在打瞌睡，也有人在交谈。各站台色彩缤纷的广告在眼前匆匆闪过。这时，我在想，历史学家巴尔赞在他的《从黎明到衰落——西方文化生活五百年》中，描述美国19世纪上半期铁路的大规模修筑如何改变所有人的思想和生活，造成一种对铁路的"特殊的仰慕"即所谓铁路浪漫情结。同样，今日的广州地铁，也改变了广州人的思想和生活，激起了人们对美好城市生活的憧憬，也形成了一种地铁浪漫情结。地铁深藏于地下的宽阔站厅和长长的站台，从城市四面八方汇聚而来的人潮，以及透过站台屏蔽门看到隧道深处地铁由远而近驶来，还有地铁入站时在眼前飞闪而过的光亮的车窗，无不激起人们的浪漫思绪。以我的感觉，地铁白天的情景与夜深的情景迥然不同。体育西站和"又一城"地下商场以及天河城、体育中心等的地下商场是连成一片的，在白天，那里快速流动的大量人潮和五光十色的新锐时尚相互交映，构成一个独特的都市奇异景观。公园前站如八爪鱼般伸出的多个出口，也是连通多个地下商场，如动漫星城、五月花广场等。星巴克咖啡的醇香、赛百味的意大利热狗的菊花香，以及Bread Talk "面包新语"的烘烤之香，总是在你不经意之时引起你的关注。不过一到夜深，所有这些都变得沉寂，只剩下静静的黝黑微明的通道，通向同样静静的站厅和站台。唯有站台四周的连片广告依然明亮。似乎夜晚的地铁更有韵味，它让你的身心随之安静下来，甚至可以让你且行且想乃至坐着发呆。这时的地铁倒是一个不错的喘息之地。显然，地铁对于城市并不仅仅作为一个交通工具，它是城市生活的新空间、新场所和新社区，它是城市的一个另类缩影。

不知不觉到了火车站，与已经不算太多的乘客一起鱼贯而行换乘2号线。走在七拐八拐的通道上，我且行且想：地铁实在是个好东西，我们拜它所赐，生活得到许多便利。但广州地铁也存在许多问题，首先，地铁是城市的产物，而我的一个强烈感觉，广州地铁似是乡村的地铁。就从目前布局上看，它在中心城区远未发展足够的情况下，已经把更多的触角伸向了四乡。它是城市周边的从化的地铁、花都的地铁、南沙的地铁、番禺的地铁、增城的地铁……它是包围广州城区的广阔的乡野的地铁。这是不是地铁的异化呢？

事实上，中心城区线网稀疏，是影响广州地铁功效的关键问题。以传统城区为例，在今日广州地铁网络中，经过珠江北岸50多平方公里传统城区的线路，只有1号线、2号线和5号线3条，而其中所设的站点是不多的。1号线16个站点中属于传统城区的只有8个。加上2号线和5号线，在目前正在运营的广州地铁140多个站点中，属于上述传统城区的不足20个。不仅传统城区，从整体规划上看，整个城市中心区的线网及站点，都相对稀疏。也就是说，广州地铁绝大部分是在以往的近、远郊及周边的市属地区运行的。广州地铁是倾重于近、远郊及城市周围边远地区的地铁。它相当程度上代替了城际列车的功能，反而忽略了地铁作为城市公共交通设施的本质功能。

规划建设的先后次序亦如此。一般而言地铁建设应该首先集中解决传统城区、城市中心区和城市建成区问题，然后再有限度地兼顾近、远郊及周边地区。城市之为城市，中心城区之为中心城区，地铁的密集优先是理所当然的。这也是城市规律和城市魅力的一个部分。地铁是现代都会的生活特征，地铁交通及地铁生活方式属于城市。连接城市周边市镇的交通主要应当由城际列车或轻轨承担。法国巴黎地铁在1900年起运行，经过将近30年才计划向近郊有限度延伸，1930年至1950年多条线路才陆续伸出市区。相比之下，广州地铁的做法有点本末倒置，甚至充当了城际列车的角色。这就造成了一方面城区交通尚未解决，另一方面又不断将近、远郊及边远地区的人流大量引入城区，从而加剧城区原已相当严重的交通问题。

此外，中心城区的站距略嫌长，是影响广州地铁功效却又难以改变的先天缺陷。在总长229.6公里的整个地铁线网范围内，建有143座车站，平均1.6公里一个站。这是一个略为稀疏但尚能勉强接受的平均站距。问题是其在具体设置时未能做到疏密有度，缩短中心城区包括人口密集的传统城区各站点间的距离。以1号线为例，传统城区的几个站点，平均站距超过1000米，对于老城的交通需求来说，便捷从何而来呢？又如，5号线小北站到广州火车站，距离超过2公里，而中间就有桂花岗等居民密集的街区。巴黎地铁主要行走在巴黎市区及近郊小范围的都会区，所有线路各站点间的平均距离约550米，有些线路平均站距不足500米。东京、纽约等的地铁在中心城区的站距也多在数百至1000米之内，香港也不足1000米。这是多么人性化的设计。后起的广州地铁在这方面反而是有所欠缺。别小看了这一两百米或三五百米的差距，它所产生的影响会直接关系到市民的出行和街区乃至整个中心城区的繁华。

还有些其他问题。有些问题或与观念有关。广州地铁是闷热的。尤其与邻近的香港地铁相比，感觉更强烈。这应与设施无关，而与供冷控制有关。地铁1号线开通早期，各站点是清爽凉快的，让市民在搭乘时得以享受。但逐渐，这种清爽凉快减退了。照理，广州地铁后来全部加装使用屏蔽门，冷气不易流失，但站内感觉反倒越发闷热，起码是不够清爽。一般估计是管理者从节约用电角度考虑，减少了供冷量。乘客只好忍受了。这一控制可能达到了一定的节省效果，但我认为是得不偿失的，其代价过大。地铁服务应提供足够舒适的空气调节，这是确保站内空气清新流通的必要做法，也是体现以人为本，让市民得以享受城市优质设施的一个环节。这种必要的服务提供，可以调节得更好更合理，但决不应"节省"。闷热或不清爽的地铁站，足以使广州地铁的档次下滑，沦为输送或排放巨大人流的"下水道"。仅此已使广州地铁尽失美誉。

线路之间的换乘又是一大问题。这方面的麻烦，相当程度上抵消了广州地铁的吸引力。此前有媒体报道，不知哪里的评选认为，广州地铁是世界上最好的地铁之一。其实好不好，只有本地的长期使用者最清楚。我认为广州地铁仅是换乘的折腾就已经将地铁快速便捷的优势消解了许多。一个好的地铁系统，不同线路之间的换乘多是在同一站台进行的，即使不同站台，所走路程也应很短且不太周折。广州地铁是后起的地铁，在这方面理应做得更好，但事实令人相当遗憾。杨箕站内5号线与1号线的换乘，火车站内5号线与2号线的换乘，还有体育西站内1号线与3号线的换乘，无一不是上上下下、七拐八拐、极尽折腾。对此，设计者们或许会给出解释：地质原因，建筑物地下结构的影响等等。仿佛广州地铁是世界上施工难度最大的地铁，能够做成这样已经很了不起。我不知道未能做到便捷换乘的真正原因，是客观存在巨大的困难，还是什么呢？

　　在所有这些技术问题背后还有更重要的东西。地铁可以引发我们思考的问题很多，就如同这座城市可以激起我们无限的遐思。此刻穿行于地下之城，那些此来彼往的陌生面孔，声情各异，每人都有自己的故事，他们曾经靠得很近，转眼随即远去。这让我想起曾在某书中看到的一幅画作，描述彼此陌生的乘客挤满伦敦地铁高高的电扶梯的情景——英国画家的地铁版画《从何处来　到哪里去》。这是一个直指城市与地铁本质的问题。社会学家定义城市时使用了个体的异质性的概念，说城市就是无数异质个体的集合。城市由此呈现多元化和个性化。地铁很好地诠释了城市的这一本质。城中数以百万计的人每日在地铁相会、流动，摩肩接踵或擦肩而过，人生的轨迹偶然地在这里重合，复又飘散不知去向。这种情形提醒人们，城市就是无数故事与无数人生的集合与更替。进入地铁会有一种对城市本质的幽微真切的感受。毫无疑问，地铁是城市文化和城市个性特色的重要载体。因此地铁在设计上就应该注意强化这些文化与特色，包括通过色彩、灯光、装饰、站名、规例、媒介、标志物，乃至报站语言、语言风格等等。广州地铁在这方面似乎差强人意，但显然还有进步的空间。这些东西头等重要，它关乎城市的生活特质、文化与艺术……

想着想着,地铁到站了。这是2号线越秀公园站。站台和站厅也像车厢一样并不太拥挤,乘客三三两两,四周很安静,这2号线也是最后一班车了吧?此站的A出口有一道没设电扶梯的高高的步级,从这步级出来,就是解放北路的锦洲国际商务酒店,旁边是名为"一千一夜"的波斯人餐厅和著名的南越王博物馆。

我喜欢广州地铁,不仅时常搭乘,也时常关注和思考。此刻踏着夜色回家,想起一句粤语广告词:"梗有一个地铁站系左近。"什么时候,当我走出地铁站,只需大约一刻钟就能到家,噢!那才是真正的地铁时代。我就住在越秀老城区,这个想法并不过分吧?

"落雨大，水浸街"是羊城的永恒话题

昨晚一场大暴雨袭击羊城，强降水过程持续达数小时之久，广州大道、岗顶、中山一立交、黄埔大道等20多处地方顿成泽国，交通瘫痪，行人受阻，大量民居及商铺遭淹，不少地段水深超过半米。我恰好就在广州大道，亲历了在暴雨中行车、交通瘫痪及水中突围的惊心动魄场面。街道上夜雨飘泼视线迷蒙，水流汹涌席卷每个角落。所见相当震撼！

"落雨大，水浸街"是广州充满诗意的古老童谣。而昨夜的暴雨淹城却无论如何谈不上什么诗意。我甚为不解，为何近年广州多次水浸街最严重的地方，竟然是在东部新城区一带。如果说老城区水淹厉害，我们可以说是历史遗留的基础设施问题。但如今浸的是最新崛起的东部新城，浸的是刚刚见证过亚运会辉煌并且作为广州21世纪象征的珠江新城一带。原来，城市客厅——花城广场所在的矗立着103层"西塔"以及"珍宝容器"省博物馆的城东热土，其至关重要的地下排水设施竟是如此脆弱；原来，这个现代化新城其必备的要素与基础设施竟是如此不足。

千万不要以这是数十年一遇的特大降雨来搪塞。仅是黄埔大道暨南大学南门一带，就是历年水浸的热点，往往平常一场稍大的降雨，这里就可咏唱一番"水浸街"童谣。也请不要以极端天气水浸在所难免来解脱,历次水浸有关部门基本上是束手无策无所作为,雨中的市民只能自救,羊城显然不希望以此种方式证明这里确实是南国水乡。

我们当初是在设计一个城市还是设计一个巨型乡村呢?以我愚见,一个乡村和一个市镇或许只需开挖一些稍大的沟渠或铺设一些排水管即可,大不了把沟渠或排水管弄得再宽一点就是了。但是,珠江新城和整个广州东部新区显然不同,它们的地下系统包括地下排水系统,至少应该与之相匹配,即应该是最具现代化和足以作为城市象征的。关于这一点,专家们毫无疑问比我们懂得多。在这里,应该一劳永逸地解决内涝问题,"落雨大,水浸街"应该或只能诗意地咏唱。显然,建设一个地面上看不到的最现代化的,足以作为城市象征的地下系统包括地下排水系统需要很大的勇气。它不仅涉及巨大的财政投入,涉及对城市的准确认识与理解,而且涉及城市管理者关于政绩的良知。

显然,今日的城市管理者至少不应该比19世纪巴黎的奥斯曼男爵差。这位由拿破仑三世任命的塞纳河行政长官在对巴黎进行全面改造时,建设了巴黎举世闻名的包括排水系统在内的庞大地下系统,一劳永逸地解决了老巴黎的排水排污问题,并且沿用至今。奥斯曼的地上巴黎改造备受争议有赞有弹,但他的地下巴黎建设却被充分肯定。广州城东的建设有这样的远见卓识吗?珠江新城的建设有这样的远见卓识吗?当初我们是在东郊的一片原野上推进城市"东进"战略,也几乎是在一张白纸上规划城东区域和珠江新城,然而近年来一连串降雨证实,这个在甚少历史包袱的良好条件下的规划设计,至少在排水功能上是蹩脚的,与宏伟壮观的地面景观是不相称的,尤其是与21世纪伟大都市的愿景不相配套的。

现代城市不是建筑物在平面上的简单集合。就空间完整的意义来说，城市是由垂直方向的天际空间、地面空间、地下空间和水平方向的横向空间组成的。这些空间彼此有机关联，同等重要。关于此，城市建设的专家显然比我懂得更多。

广州正在经历前所未有的历史性的城市现代嬗变。继珠江新城之后，白鹅潭经济圈、南沙新区将崛地而起。这些新兴城区需要宏大的景观，但更需要支撑这些宏大景观的普通建筑和基础设施，譬如庞大的、在摩天大楼林立的地面上看不到的地下系统。正是这些琐碎和"庸俗"的基础设施支撑了新城的辉煌。这其中就包括现代化功能足够强大的地下排水系统。

多雨的广州是可爱的。其可爱在于雨水滋润我们而不是让它卷走生活的美好。但愿"落雨大，水浸街"作为灾害性的现实将成为历史，而作为古老的充满旧时生活色彩的浪漫童谣，则让我们永远诗意地咏唱。

飘忽不定的广州城市中心

  雄心勃勃的广州市提出了城市规划建设的又一个大手笔——"海珠生态城"。这是广州继去年提出未来10年城市建设重心转移到琶洲地区之后的又一个全新概念。媒体报道称这意味着海珠区作为下一个城市中心即将隆重登场（2012年2月10日《南方日报》"广州观察"）。有专家指这个可能成为广州未来的新的城市中心，"相当于现在的珠江新城、上个世纪的天河城"。

  没过多久，广州市披露将打造第三条城市中轴线，即以火炉山、凤凰山为起点，经科韵路、海珠生态城至大学城一线，建成广州第三条城市中轴线。到了8月，媒体又报道拟建中的广州国际金融城的设计优胜方案揭晓，金融城最终规划将以3个优胜方案为蓝本，兼顾各家优点。金融城建设规模将远超珠江新城，其中600米高的标志性建筑"金融塔"将是广州最高建筑，大有取代珠江新城之势（2012年8月13日《广州日报》）。

  建设重心的转移是没有问题的，问题是城市中心的转移及其飘忽无定。广州自公元前214年建城以来，尽管2200多年兴衰更替屡经劫难，城市的方位和重心却始终不变。即使在城市近代化进程中，甚至到了20世纪70至80年代，这一格局也没有改变。那时，整个城市都是市民熟悉的，无论实际生活还是心理上都可以完全把握的家园空间。但如今，情况发生了根本性的变化。近数十年间大都市经济成为广州城市发展的支配力量，一个急欲走向现代化的城市迅速突破了原有的规模与格局。重要的问题是，今日广州因日益拥挤而急速扩张、四散蔓延，迅速走向茫无边际的特大型城市。在此过程中，远离城市传统中心的东部和南部地区被作为未来的城市中心，一条新城市中轴线已在东部形成。而实际生活的重心其实早已转移到了新中轴线所在的天河路至珠江新城一带。2000年不变的城市中心终于被改变。更重要的问题是，这个已经被移动了的城市中心，此后一直飘忽无定，广州的城市面目开始变得模糊。

这座城市在"东进"、"南拓"过程中，曾经一度提出全力优化中心城区的"中调"战略，似乎要巩固传统中心区作为城市发展中心的位置。但此后不久，所谓"中调"，则被来势更为凶猛的"东进"、"南拓"浪潮所淹没。白鹅潭环形地带的建设未见实质性进展，而关于元村新中轴线、"海珠生态城"、国际金融城的呼声却一浪高过一浪，而且无一例外要抢夺未来城市中心的地位乃至建筑标志。

广州似乎已经到了不能把握自我的境地。其原因是未能把握发展的全部含义。这座城市正在成为一个以"他者"标准为标准的城市，正在失去广州作为广州的是其所是的个性特质，正在失去比经济增长更为重要的最根本的东西。当中一个重要的误判是，认为只有不断扩张并且不断在新的城区建造新的中心，城市才能得以发展。我始终认为：如果从人本的和"人类的意义"角度看，广州的城市规模早已过度；如果从更远大的发展抱负出发，城市的现有规模也应足够。广州现有的规模，已经足以支撑这座城市关于现代化大都市的所有宏大理想。我也始终认为：

广州无论如何不能让越秀山至珠江边这一传统城市中心走向失落,这座城市必须让越秀区与荔湾区及已经消失的东山区重新成为城市社会、经济、文化的重心,重新成为城市文化精神的象征之区,重新成为城市丰富多彩的繁盛之区,由此支撑整个城市的文明。

一座有影响力的城市,它的中心区无论是作为现实的存在还是作为一种象征,都应当是持续而稳定的。你能想象巴黎塞纳河上的西岱岛和它的左、右岸及香舍丽榭大街作为城市的中心会被德方斯所取代,之后德方斯又会被更多的中心所取代吗?你能想象纽约的时代广场和第五大道以及整个曼哈顿区,其中心地位会在所谓城市发展战略中被轻易抛弃吗?同样,你能想象香港维多利亚港两岸不再成为香港的城市中心,而上海由外滩与浦东共同构成的图景也不再作为上海的城市象征吗?城市与城市之间的情况固然千差万别。但无论如何,越秀山至珠江边这个老地方,这个城市历史文化和城市集体记忆的深邃容器,应该且完全有条件继续成为今日广州核心力量之所在的城市中心,持续而稳定。

或许有人质疑,以越秀山至珠江边这个传统城市中心作为未来广州的中心可能吗?现实吗?回答是肯定的。这不仅可能和现实,而且是最好的选择。第一,这个传统区域足有数十平方公里,以如此幅员加之以紧凑型城市的规划建设理念,在保持并改善市民现有生活状况的基础上,足以承载城市中心区的政治、文化、经济、商业、金融包括中央商务区、金融服务区等在内的复合功能,而它同时又是城市的原点和城市历史文化积淀最为深厚的核心之地。每一个正视现实并且愿意深入实地调查的规划者都会发现,这片旧城的改造仍有极大的空间。旧的越秀、荔湾、东山三区乃至海珠区珠江南岸沿线,在城市近代化进程中,其实并未完全发展成熟,某种意义上那是一种未完成式。当中许多老街窄巷固然值得整片保留,但也有相当部分并没有呈现一个成熟城市的街道文化及地域特色,相反却是破败残旧,阴暗脏乱,生活条件恶劣,亟待改造。客观上,这就为城市中心的发展完善提供了条件基础。第二,旧城改造的原则包括了继续使用的活化。一个城市街区,包括中心区,建筑的新旧混合是一种明智的选择,它为城市提供了物质上的多样性,也呈现了城市的历史。在广州老城中心已经相当多样化的各类建筑当中,如果再恰当地加入充分体现新材料、新造型、新结构的现代建筑,让新旧建筑相互映衬,那是一个多么美好的城区!无论是沿江路、中山路,还是解放路、人民路,都有实现这种可能的充分空间。特别是,应该借鉴国外城市如巴黎等的做法,保留古老街道的沿街建筑及其外立面,在其后面则开发建造相对更高的新型建筑,这样既保留了历史街道譬如骑楼街的原有景观,又可提高老城的空间效率,实现老城的现代化改造。第三,老城区继续作为城市中心,交通问题可能最令人关注。其实,只要我们透彻认识城市的本质,按照城市规律行事,交通问题最终是不成为问题的,至少是不会成为大问题。在作为城市中心的传统城区,应该大力鼓励步行和自行车交通,应该大力发展地铁系统和地面公共交通系统,此外各类汽车特别是社会汽车是要受到严格限制的。以此观点看,广州传统城区地铁网络的密度远远不够,对汽车的限制力度也远远不够。在一个以人为本或以步行者为本的城市中心,不应简单追求车流通畅快速,相反应该采取措施譬如加设路障、建造弯曲的街道等让汽车慢下来。这些做法需要城市管理者扭转观念,因为长期以来我们习惯了以乡野的道路强加于城市的街道,总认为城市街道越宽阔笔直越通畅高速越好。扭转这个观念,将街道还给步行者,还给城市的公共生活,城市及其文化将会由此获得更快速更全面的发展。此外最重要的是，传统城市中心是我们充满历史文化想象的城市迷梦，这里有良好的城市文化和地域文化基础，易于体现城市的历史连续性和独特的城市文化精神。这里继续作为城市中心在未来发展中的进一步崛起，能够激发市民对未来城市的认同，增加城市的魅力和文化影响力，让生活于其中的人倍感自豪。仅此几项即可说明，让越秀、荔湾老城及已经消失的东山区重新成为广州的城市中心，是具有充分可行性和现实性的。

现代城市有多中心发展的趋势，即使核心区域在城市发展过程中也难免变动。但这种作为核心区域的中心变动至少不应是频繁的。今日广州的现实情况是，越秀老城失落之后，新的城市中心在珠江新城尚未站稳，即已开始转向或酝酿转向海珠生态城、南沙新区、东部第三中轴线以及国际金融城……这种飘移远未停息。在这种扩张性的四散蔓延的飘移中，广州将失去自身存在的特质，最终也将失去自身。

未来的广州，或将是珠江口上一个面目模糊没有特质的巨大而混沌的畸形城市团块？

在爱群大厦眺望老城

到长堤，登上矗立于堤岸的爱群大厦。

这次与朋友聚会定在爱群大厦顶层旋转餐厅真好。迫不及待地透过玻璃窗幕，环视老城景色。爱群大厦是一座有近百年历史的哥特式建筑。大厦底层以相当大的面积沿街建造了环绕大厦的骑楼廊道，自然地与相邻楼房的骑楼连通，从而形成方便行人行走的回路，也使自身成为原有环境的一个部分。这是一个很好地融入并烘托周围环境的城市地标。20世纪60年代大厦东侧加建了一座新楼，新楼与旧楼层层连通，形成一体。后来又在新楼顶部建成了这个旋转餐厅。于此放眼四望，传统城市气息扑面而来。

我的座位先是正对城西，慢慢以顺时针方向转动。这时看到了近在眼前的爱群大厦旧楼顶上带有竖向长窗和多个小尖塔的梯形塔楼。塔楼后面，只见老城建筑鳞次栉比绵延起伏。我知道，这当中有上下九路、龙津路、宝华路和恩宁路，有十三行街和尚可追寻的明代怀远驿街，还有耀华大街的西关大屋和沙面岛的近代西方建筑群。渐转向北，只见远处楼房林立，遮住了镇海楼及无数文物所在的越秀山，也遮住了有1400多年历史的城中最古老地标六榕花塔。俯瞰这金色夕照下的苍茫老城，你或可找到五仙观、怀圣光塔和石室圣心大教堂的双尖塔。看东边，那是近代城市中轴线所在，当中有中山纪念堂、广州府衙、中央公园、广州起义路以及正在翻修的海珠桥。接着转至南边，横亘于广州老城的珠江及两岸景色一览无遗。晚霞映照下的江流，波光鳞鳞，水色潋滟。1400多年前，珠江北岸还远在今西关泮塘—上下九—惠福路—文明路一线，至明清时才逐渐到达与今天大致吻合的位置。历史上广州城区一直沿着传统中轴线向南延伸，延伸的过程就是随着江岸淤积而向珠江步步逼近的过程。此处江中曾有名为海珠石的小岛，史籍记载岛上矗立着慈度寺和文昌阁，朱甍画栋、绿树掩映。后来小岛并入了北岸，那就是今日矗立着民国永安堂的一带地段。如今珠江两岸尽是新旧混合错落有致的近现代建筑，从建有穹顶钟楼的旧海关大楼、新古典风格的邮务大厦及新华大酒店，到现代国际风格的广州宾馆和超高层的爱群大厦，无一不是城市近现代发展的历史及建筑文化见证。

眺望江中，无数游船和渡轮在穿梭，也有各式货运船只往还。早在秦任嚣建城之前，这里已是景象繁忙的水域了。明清时从东边的黄埔港到西边的白鹅潭，是城市的主要交通航线。想必18世纪"中国皇后"号到达黄埔港后也曾到过这段水道，在此留下过它的贸易印痕吧。这时，我也想到了明代汤显祖描述此地的诗句：

　　临江喧万井，立地涌千艘。

　　气脉雄如此，由来是广州。

夜幕逐渐降临，老城和江岸华灯初上。环视朦胧闪烁的景象，如果继续搜寻，实在还有更多：哪里是南越王博物馆？哪里是陈家祠、大佛寺、书院群？哪里是番禺城的小北路和仓边路？哪里是步行街上的"千年古道"和"双门底遗址"、曾经繁华的濠畔街和卖麻街、海珠广场的广交会旧址，以及无数像水母湾、木排头、海味街那样充满世俗烟火味道的老街窄巷……这个旋转餐厅之夜，变幻的城市景象，成了席间说不尽的话题。

这片灯火闪耀的老城为何让我们如此魂牵？噢，明白了，它承载了我们从过去到现今的整个生活，承载了城市从过去到现今的无数记忆，它是城市灵魂之所在。

广州之所以为广州，是因此地的存在。作为物质的建筑及其场所，可以在任何扩张之地复制，但这片地方不可复制。广州的精神，广州的城市特质，就是在这城市灵魂所在之地孕育生成的。这座城市及其市民的性格，就是白云晚望与越秀层楼的性格；这座城市及其市民的气质，就是从珠江包括久远的甘溪、六脉渠、荔湾涌、大地涌以及清水濠、玉带濠等流淌而来的气质。这片城市灵魂所在之地，无论现在还是将来都应该是这座城市的核心。数天前关于今日广州城市中心飘移无定的思考，有点意犹未尽，问题正在于此：高速发展的广州首先要成为自身。进一步想，广州无论扩张至何种规模，都应该以白云、越秀到珠水、鹅潭这片核心之地引领及支撑整个城市的文明。广州可以有许多新崛起的区域，譬如珠江新城、海珠生态城、白云新城、南沙新区、国际金融城……这些新区域，或应作为城市的副中心。它们充其量只能成为现代城市意义上的多极城市的其中一极，而不能取代传统城市中心的核心地位。（城市社会地理学认为城市的发展经历了前工业城市、工业城市和现代城市阶段。前工业城市是单中心的。现代城市变得复杂，更具多样性，且在转变中可能分化呈多极状态。参见杨宇振主编《城市与阅读》。）

显然，眼前这片老城本身存在许多问题。在旋转餐厅上轻易就能看到这一点。这里有连片低矮残破的楼房，大概是城中最残旧的街区。我在那些房屋顶上隐约看到，一些破败的瓦顶以防水胶布之类覆盖着，另一些屋顶及上面加建的棚屋丑陋不堪。由此可以想象生活在这里的境况。事实上，这里许多街区卫生条件极差，公共安全不保，拥挤杂乱，生活极不方便。这些地方是要保留还是改造？我的回答当然是要改造。席中有人说，当中存在一个矛盾：住在里面的大多希望彻底改造；以保护旧城之名反对改造而要整体保留的，则大多不住在里面。此说法未必很准确，但它提醒我们，无论是城市建设还是旧城保护均须以人为本，不考虑居住者生存环境及生活质量的所谓保护，是不可取的。将世居于此的居住者简单迁移也不可取。难怪有城市设计者认为，广州老城内部空间狭小局促，难以进行有效的规划，城市发展的调整也难以到位。这是为城市中心的转移提供理由和依据。另起炉灶是简单的。但是，难以规划并不等于不能规划。关键是要认识这座城市的生活特质与根本需要，认识在老城进行规划改造的价值与可能，以富有历史感的精神知难而上。至于如何有效规划，我想，各类深入的阅读应能帮助我们寻求答案。我们可以阅读城市的历史，进入城市的灵魂；可以阅读城市的现状，在老街窄巷中做一个实地漫游者；可以阅读刘易斯·芒福德的《城市发展史——起源、演变和前景》、简·雅各布斯的《美国大城市的死与生》、梁思成的《中国建筑史》、约翰·里德的《城市》、埃德蒙·培根的《城市设计》、阿兰·雅各布斯的《伟大的街道》、克利夫·芒福汀的《街道与广场》、大卫·哈维的《巴黎城记》、科林·琼斯的《巴黎城市史》以及爱德华·格雷瑟的《城市的胜利》……

举世瞩目的伦敦奥运会刚刚降下帷幕。这段期间，伦敦吸引了世人无数视线，包括她的城市建设本身。今日伦敦拥有1200多万人口，但伦敦西区及老伦敦城依然是伦敦毫无疑问的中心。只是不知道，在未来的城市发展中，伦敦人是否会像广州那样在某地另辟一个中心，取代伦敦塔和大笨钟、维多利亚市场和威斯敏斯特教堂、唐宁街和白金汉宫以及大英博物馆所在的西区及老伦敦城呢？

广州亚运会前夕，我曾经从北京路进入横贯老城的内街玉带濠，在福麟里至畸零里地段由东至西沿街漫游。我看到令我惊异的街道。当时广州正如火如荼地进行市容整饰，这个紧邻闹市的地方居然残旧如故、纹丝不动。沿街可见低矮的棚屋及断瓦残墙，街上有污水与垃圾，许多地方根本不适宜居住，大多只作为外街商铺的仓库，也有一些外来打工者勉强栖居其间。这个地方范围并不小。类似这种地方，在广州老城绝非仅有。单是在旋转餐厅上看到的旧街区当中，就有不少这种地方。想到此，旧城怎能不进行改造呢？有如此之多的改造空间，又怎能说没有足够的空间进行有效的规划呢？我们只能够说，在老城进行规划确实是艰难得多。如果说广州要建成广东全省城乡的"首善之区"，那么越秀珠水这片区域则理当成为广州的首善之区。广州老城改造势在必行，让它继续成为城市中心则需极力呼唤。

近20年来，广州的城市扩张及轮番发展高潮，可视之为城市空间关系及城市内部空间的重塑与转变，其目标是建设全球化背景下有地方特色的现代化国际都会。但这重塑与转变能否实现目标，关键要看能否处理好老城区中心与新兴城区的关系及控制城市过度扩张的问题。因为，城市周边任何盲目扩张与发展，都将对城区中心空间秩序的合理演变构成威胁，从而导致城区中心的衰败，进而导致城市的异化。150多年前巴黎的现代性转变，似乎可以作为今日广州的城市镜像。拿破仑三世任命的塞纳省省长奥斯曼男爵对巴黎进行剧烈改造，至今备受争议。但这位男爵至少没有回避老城改造问题，恰好相反，他坚定地将巴黎改造的重点锁定在市中心地区，没有采用在老城区之外另辟中心及按原有布局逐步改造的做法。奥斯曼坚决推进他的改造计划，最终奠定了现代巴黎的基本格局。此格局其后不断得到沿袭与加强，西岱岛和她的左、右岸至今仍然是城市的核心，巴黎仍然是巴黎。奥斯曼还在艰难条件下建造了巴黎庞大的地下系统，令城市至今受益。某种意义上正是奥斯曼成就了现代巴黎。人们可以对他有许多批评，但同时必须客观地看到他的贡献。历史学家和哲学家大卫·哈维说，奥斯曼在让巴黎城市内部空间更加合理方面的功绩，理所当然地成为现代主义城市的伟大传奇（大卫·哈维《巴黎城记：现代性之都的诞生》）。今日，如何在确保有价值的历史街区与建筑得到有效保护的基础上，对城市中心区进行切实的现代主义改造，是迈向现代化国际都会的广州不可回避也不应回避的问题。在广州，唯有对传统中心城区进行切实的改造，使其具备能力继续承担中心城区功能，引领整个城市实现历史性的现代化转变，这样的空间战略构想才是合理的。只有这样，广州才能继续成为广州。

爱群大厦是一个极佳的观察点。旋转餐厅上的远眺告诉我：城市的历史传承既体现在文化精神上，也体现在地理的物质结构上，两者相互依存。白云、越秀到珠水、鹅潭之间，恰是最能体现这种关系的。广州老城必须在遍布其中的无数残破之地经历一场"废墟中的新生"。由此广州将能保有历史且持续发展，我们将能秉持广州生活的特质。

诠释城市垂直空间特性
——双层巴士重现羊城

据媒体报道，消失多年的双层巴士重现羊城，由新穗巴士公司与河南安凯客车生产厂家合作的首辆试验性双层巴士，从19时起开始在244A线上投入试运营。又有报道说，试运期将历时数月，估计最快在今年底或明年初批量投入使用。

此前新穗巴士公司有负责人表示：广州双层巴士多年前由于种种原因退出历史舞台，如今将重新上路，很值得期待。这位负责人历数了发展双层巴士的种种好处，包括有利于缓解交通堵塞、占用道路空间小而座位多、运载能力超过单层巴士，有利于减少尾气污染、形象靓丽有浪漫情调等等。

所言极是。然而在我看来，双层巴士之好，最重要的是它体现了城市的空间特性：空间的垂直延伸。城市具有多向度空间，包括水平空间、垂直空间乃至地下空间。双层巴士适应及体现这一空间特质，而且在城市整体景观的视觉上和谐一致，符合视觉美的原则。

双层巴士起源于欧洲，具体说是起源于英国伦敦。包括伦敦在内的欧洲城市，较早完成城市的近现代化进程，城市文化发展相当成熟。与此相应，城市在空间建构上也走在世界城市前面。这些城市多向度的空间拓展，不仅体现在建筑物的成长中,还体现在城市商业、交通等设施中。早在18世纪中期,伦敦就设计了世界上最早的城市地铁系统,1863年1月,全球第一条地铁就在伦敦正式开始营运。随着城市交通空间的垂直拓展,双层巴士在伦敦的首先出现也就顺理成章了。伦敦双层巴士是英国的"国宝"。在2008年北京奥运会闭幕式上,一部经典红色的双层巴士缓缓驶入主会场,向全世界展示了下一届奥运会主办城市——伦敦的特色。除欧美城市外,双层巴士在亚洲的新加坡、印度、中国香港等地也是常用的交通工具,中国大陆也有多个城市引入了这一交通工具。双层巴士在世界不同城市诠释着共通的城市空间本质。

城市未必要挤满摩天大楼,但多向度建构空间是城市的本性。城市的准确定义决定了这一本性。无论是刘易斯·芒福德综合分析的"密集、人众"的城市,还是路易斯·沃斯从社会学角度所表述的"异质个体永久定居"的城市,都促使人们在有限空间中不断建构新的空间,不仅仅是水平方向的,还包括地下和空中的垂直空间。今日双层巴士重现羊城,让我们看到属于城市的既旧且新的风景。它还应该让我们更多地联想到城市的空间本质与特性,从中获得关于城市空间发展的有益启示。

此刻一个有趣的问题是:广州双层巴士能够像英国伦敦经典红色的双层巴士、葡萄牙里斯本古老的有轨巴士、捷克布拉格著名的18路线巴士那样,成为广州美轮美奂的流动的城市标志吗?对此,我是有限乐观。

首先,双层巴士在这座城市能否存在下去也是一个问题。广州于1985年起从香港引入双层巴士,但后来因维修成本过高及市区内天桥、高架桥高度太低等原因而于1999年起陆续退役。2009年再次引入,但投入运营约半年后再度宣告退出。此次重返,命运如何仍未可知。

其次,即使得以存在,其前景也取决于以下因素:它能否在中心城区和老城区大范围内行驶；它本身是否宜人、精致与优雅；我们能否借此机会改变动辄在中心城区和老城区内建造天桥、高架路之类设施的思路，以确保街道能够让双层巴士通行无阻（须知随意在中心城区和老城区内建造天桥、高架路的做法是反城市的，且在实际应用中也大多不受市民欢迎）。估计，以我们目前对城市的认知，要做到上述这些，实在有点勉为其难。

　　出于对双层巴士的欣赏以及对伦敦奥运会的期待，数年前在精品市场上买了两款伦敦双层巴士模型，置于案头上。今日广州重新有了双层巴士，期望它在广州街道上越走越顺畅，随时带给我们靓丽的街景。

珠江新城：
要美丽街景，不要空中连廊

珠江新城将要在已有基础上再造34座空中连廊。《南方日报》近日报道称"珠江新城连廊在质疑声中前进"。在珠江新城建空中连廊一直充满争议，反对者认为首批连廊建成后使用情况不尽如人意，问题颇多，珠江新城修建连廊完全没有必要；赞成者认为珠江新城连廊是一个系统工程，现在仍未形成，因此目前使用率低不能说明问题，未来珠江新城内将有30万就业人口，不搞立体步行系统是不可能的。

我不赞成在珠江新城搞空中连廊。但我既不是从交通角度及使用效果出发，也不是从经济发展着眼，仅仅是从街道漫游者的景观愉悦感觉考虑。这样的出发点似乎有点另类且欠缺全局高度。但我想，珠江新城尤其是它的核心区花城广场一带，集中了今日广州许多优秀的标志性重要建筑，由南至北依次有440米高共103层的广州第一高楼"西塔"、以"闪烁的玉琮"为设计理念的富力中心、呈巨大风帆状的国际金融广场商业大厦、312米高60层的广晟国际大厦、303米高65层的利通广场、309米高71层的以风能发电的珠江城大厦，以及267米高57层的广州银行大厦……这些风格各异的建筑的有机组合，构成了珠江新城丰富多姿的街道景观。让行人在行进中得以轻松、完整地欣赏这些景观，我认为是生活化的人性化的城市的应有之义。建空中连廊，势必严重破坏和阻挡这些景观，完全或很大程度上取消了城市街道漫步的趣味及愉悦，街道的魅力由此将大减。

横七竖八的空中连廊会将原本充满生气或者可以逐步生发出多样性的街区，变成一座复杂的庞大而单调的交通机器。而一座复杂的庞大而单调的机器是拒斥生活气息和生活美感的。将几十座空中连廊强加于珠江新城，无异于将由行人和建筑、场所、街道组成的街区，降格为由密集通行管道构成的机器。而机器永远无法产生亲切感。行走于机器中和行走于人性化的街道上是完全不同的。

我们完全可以想象当34座空中连廊落成之时，珠江新城的街景会是怎样的一个感觉。

或许有人会说，为了迁就街道漫游的观感而放弃有助于交通乃至城区发展的连廊，实在是捡了芝麻丢了西瓜，本末倒置。我的看法正好相反，就城区繁荣发展需要来说，街道漫游的观感才是重要的。无论人们出于何种原因行走于街道，上下班、购物、游览，街道都应该让行人在街面上有尊严的行走中获得清晰完整且丰富的体验，包括视觉上对建筑、店铺等街道景物的完整的不受阻挡的观览，能够从中感到亲切、趣味及愉悦。街道景观的清晰完整，以及行人漫步其中的舒适便捷，实在是关系到街道乃至街区是否具有吸引力及能否发展的大问题。

拥有更多的行人，是城市街道与街区繁荣的前提。除了工作必须之外，人们为什么愿意到街道上来，因为街道步行的舒适与便捷，以及街道所能够提供的清晰完整的丰富的步行体验。正是这些因素吸引人们到街道上来。空中连廊让步行者的街道体验打了折扣。

问题是，不建空中连廊，估计未来会有30万就业人口的珠江新城的交通问题如何解决？我想，步行者优先，在马路上大量设置人行横道线，让整个珠江新城的汽车速度大幅度慢下来，这将会明显有助于珠江新城交通问题的解决。中心城区的汽车速度就是要慢，在慢中让城区吸引并拥有更多的行人，让更多的行人推助城区繁荣。中心城区汽车速度的慢不是问题，中心城区只有高速的汽车而没有行人或行人寥寥才是问题。

我们时常以乡野道路的思维来想象及要求城市，宽阔的大道和高速行进川流不息的车流，以及纵横交错层层叠加的高架路，以此为现代城市的标志。珠江新城建空中连廊，正是这种思维的产物。这种思维指向的目标就是让珠江新城马路上的汽车高速流动，行人为此退避到隧道或连廊上去。对这些事关城市根本的问题，我们需要重新思考。从珠江新城作为优质生活中心城区的可持续发展出发，可以说，这里不需要高速车流，因此不需要空中连廊。珠江新城需要的是漫步其中的舒适便捷和可供观赏的优美景观。

饮茶是最好的生活方式

在广州旧城街道上,茶楼是重要的标志。从老街窄巷里走出来或转入某个街角,说不定就会碰上一间古色古香的或是具有时尚风格的"茶居",还可以在里面一个色调温暖的角落找到舒适的"茶位"。周围的面孔,无论相熟与不相熟,都好像深谙一切,悠然之中有某种程序的默契。当茶桌间的语音刚落,缕缕茶香也就飘然迷离。对于热爱生活的广州人,"饮茶"实在是必不可少的。

陶陶居正是这种传统生活的见证,也是广州人现实生活的缩影。这座建于清光绪六年(1886)的城中一流的茶楼,位于西关第十甫西,原来是西关一个大户人家的书院,后来改造为茶楼,取名"陶陶居",寓意在此品茗乐也陶陶。康有为1891年在广州创办万木草堂阐发变法思想,其间常到陶陶居品茗,茶楼留存至今的墨漆金字招牌就出自他的手笔。这是一座富于广州传统风格的建筑,正门是宽阔的正厅,一进入楼内就可以感受到由彩画雕饰和名家墨宝等营造的典雅艺术氛围,楼顶上有一个作为标志的六角亭。茶客们多喜欢各层大厅的热闹感觉,但也被正厢、大观园、濂溪精舍等内设卡座别具匠心的布局所吸引。室内刻有诗画的七彩玻璃屏风不仅供茶客在品茗中随时欣赏,而且营造了富于变化的庭深几许的空间美感。如今这里既是城中文化人和商界人士的雅集之所,也是市民大众饮茶的经典去处。

另一座同样位于第十甫路的城中最为典雅的茶楼——莲香楼,建于1889年,也是人们饮茶的好去处。这座有着精致的爱奥尼柱和高悬的金漆牌匾的茶楼,外观装饰为西方巴洛克式,内部则是中国传统风格。由宣统年间的翰林学士陈如岳手书的"莲香楼"三个优美的大字,历久弥新,分外夺目。

广州人饮茶其实体现的是一种日常生活与处世交往,陶陶居和莲香楼让我们感受到了这种生活与交往的极致过程。广州饮茶习俗并非单指喝茶,而是边喝茶边吃点心。据载广州人饮茶的历史,大致可以上溯至唐代,只是那时饮茶多限于在家里,作为公众饮茶的地方只有简陋的"茶亭"或"茶寮"等。又有说南越王赵佗是最早的嗜茶者,他经常带领群臣到江边楼阁品茗,形成习惯历代相传。(参见广州市文史研究馆编《羊石春秋》;李权时、李明华、韩强主编《岭南文化》。)这些说法的确切程度未得而知,广州饮茶习俗的真正起始时间依旧迷蒙。但有一点可以肯定:这一习俗源远流长。到了明清时期,广州饮茶之风已经很盛,各种茶楼遍布城中。当然市民大众更多前往的是平民化的茶楼,清咸丰至光绪年间的二厘馆及后来出现的茶居就属于这一类。广州人饮茶又称"叹茶",俗称"一盅两件",很讲究茶的质量和冲泡技巧,泡茶的水以煮到刚冒水泡即所谓"虾眼水"为最佳。人们边喝茶边吃着任由选择的丰富点心,三五亲朋,轻松畅叙。此时欣赏着茶楼典雅的环境,茶和点心的精致象征着情感的精致。无论是老少咸宜的成珠楼,还是最讲究体面的大三元,规律都是一样的。

事实上,广州茶楼的形式不断演变,历史上的老字号茶楼兴衰更替此落彼起。但不管形式或个体如何变化,茶楼作为广州人生活中的重要角色始终流传不变。上茶楼饮茶，是人们对日常状态及节奏的一种调节，是一种舒解的慢节奏生活，从中可以获得恬静的愉悦和休闲的陶醉。在这种状态之下进行的许多事情，如亲朋聚会、商谈生意及男女相亲等，都带有舒缓放达及优雅从容的色彩，宽容与散淡也是重要的特征。此外，茶楼也是不同人群各取所需、平等聚会的场所。在诸如陶陶居、莲香楼这样的优雅场所里，城中的文化人、艺术家、生意人及普通市井中人，都会从中找到自己的位置，时常还会彼此相识而成为"茶友"。他们无所不谈，包括家事、国事及城市的变迁。这座城市沉寂寥落久矣，人们会平和但热切地或感慨或幽默地谈论城市的轮回，如同谈论日常的琐事，古今兴衰化作人生笑谈。不过无论何种话题，人们更多涉及的是现实角度的具体事情，缕缕茶香中，生活在真实地继续。

茶楼之于广州如同咖啡馆之于欧洲。关于咖啡馆，欧洲人有这样的名言："我不在家里，就在咖啡馆。不在咖啡馆，就在去咖啡馆的路上。"对于欧洲人来说，咖啡馆是生活的组成部分，人们在那里品尝咖啡与点心，与人聊天或者独处。环境典雅的咖啡馆完全是欧洲文化的产物。这种情形与广州茶楼几乎是完全一致的。许多广州人每日必往茶楼。关于茶楼，广州人有这样一句惯常的话语："去茶楼饮茶。"对于广州人来说，茶楼在生活中是不可或缺的。人们在茶楼品尝香茶与点心，亲朋相聚或偶尔独酌。格调雅致的茶楼完全是岭南水土所生成。尤其近年大量出现的广式茶餐厅，更具时代气息，这是茶楼的新形态。茶楼与咖啡馆是互为对应之物，都体现了某种相似或共通的生活态度与文化精神。就此意义上可以说，咖啡馆就是欧洲人的"茶楼"，而茶楼就是广州人的"咖啡馆"。饮茶是广州人根深蒂固的生活文化，广州人深信饮茶是最好的生活方式。

珠江新城如何自处

在广州中央商务区珠江新城的东部,将要崛起一座更大的面积达7.5平方公里的广州国际金融城。珠江新城天际线的大轮廓还未完全描绘好,这个国际金融城就急急登场了。决策者表示,广州国际金融城将吸纳国际性金融企业总部,设立期货交易所、产权交易中心等8大交易平台,它的目标就是要超越珠江新城。

这座城市使用起土地来实在是太慷慨了。一个比英国伦敦金融城大得多的占地达6.44平方公里的珠江新城还不够,还要来一个更庞大的国际金融城。问题是,仅有2.6平方公里的伦敦金融城在所有方面创造的效益都是珠江新城所远远不及的。我们真的还需要一个位于员村的矗立着又一批宏伟地标的国际金融城吗?我认为,珠江新城的面积,已经足以放置未来相当长时间内广州这座城市所能吸纳的众多的金融企业总部,以及放置期货交易所、产权交易中心等8大哪怕是10大的交易平台。即使按照最超前的思路,珠江新城仍然具有足够的空间进行有效规划,而且它周边尤其几个城中村地带也完全可以通过科学的紧凑型规划成为其必要的延伸空间。特别是,根据已有规划,广州还有环市东中央商务区、东风路8公里长的甲级商务圈带,以及白鹅潭商业中心等作为其强大的空间后盾。

我还想，单从城市及建筑美学角度来说，国际金融城那些意欲超越珠江新城的新的超高层建筑，其合理性也是值得怀疑的。在一个茫无边际、庞然超大的城市，在一个城中有城、城外造城的无限扩张的城市，那些如雨后春笋般冒出的各领风骚几年的所谓地标，其实并没有地标的意义，只会让城市更显杂乱。

如今，一个重要的问题是：面对广州国际金融城，珠江新城将如何自处？

这并非危言耸听。城市过大，建设的战线铺得过长及过于分散，势必影响原有的建设。在国际金融城已经势在必行且誓言要在更短时间内"更加出彩"情形下，珠江新城还能像当初那样时常摆在这座城市的重要议事日程上吗？众所周知，作为广州中央商务区核心，珠江新城尚未完成，更远未完善。时至今日，这里仍然处于"半工地"状态，即使在相对成型的地段，配套设施仍然不足或缺项。珠江新城固然有许多令人兴奋的摩天大楼，但这里多数地方除了彼此相似的建筑外墙、树木及道路之外，你不会看到更多的东西。晚上在这里行走，多数路段最好还是带上手电筒，而且你不要指望会碰见多少路人，更不要指望会看到那些通常在闹市中会看到的灯光及有趣事物。珠江新城是纯粹作为一个办公区而存在，还是像东京银座、纽约曼哈顿、伦敦金融城等国际上最著名的城市中央商务区那样同时具有综合的和生活的种种功能，显然还有待明晰。许许多多这些尚未完成的事情，尤其是那些看似不太重要实际上至关重要的所谓软件或细节之类，接下来还有指望吗？

珠江新城是广州总部经济至为密集之区，但即使在这样的区内，也有相当高的写字楼空置率，曾有些年份空置率还高达30%以上。在一个城市里有多个CBD，而入驻的企业总是有限的。近年珠江新城在吸纳企业方面下功夫，空置率逐步下降，似乎渐入佳境。这时候冒出个国际金融城，据报道还吸引了许多金融机构和开发商力撑。可以想象，未来这座城市内，众"城"争夺入驻企业的竞争将会愈演愈烈。而在写字楼越来越供大于求的背景下，这一竞争最终将可能没有赢家。当然这不仅仅是金融城的问题，但金融城的出现显然会让事情雪上加霜。珠江新城"东塔"等巨型楼宇近年将陆续建成，未知其能否置身于外而不必为越来越多租不出去的写字楼而犯愁。

19世纪巴黎的闲逛者波德莱尔面对巴黎的剧变时曾经感慨："城市的变化比人心的变化还要快。"今日广州的城市之变也是快速的。曾几何时，环市东商圈还是广州当然的中央商务区核心和城市最繁华的时尚区段，但不消几年这个核心繁华地位也就遽然东移了。珠江新城在短时间内颠覆了这座城市的古老格局，如今，它的城市新核心地位是否也面临着被迅速颠覆的命运呢？

珠江新城，当好自为之！

后 街
日志中的城市
第三部分

城市生活

流花湖畔充满怀旧色彩的广播博物馆

广州城北流花湖畔广东广播中心二楼,有一个面积不大却颇雅致的广播博物馆。这是一个名副其实的小博物馆,没有宏大显赫的气势,但富有个性且很贴近生活。从楼下大堂一侧走上一道旋转梯,环形的展厅便赫然在目。厅内氛围,似已隔世却依然熟悉。这里每个展品及每张图片,都属于并象征某个时代或某段生活。它勾起我们的不仅是关于广播的思绪,更是对以往生活的回忆。它正是这样向我们呈现的。

这博物馆隐身于都市一角,平实小巧而不眩目。英国城市旅行家詹姆斯·斯图尔顿在《伟大的欧洲小博物馆》一书中谈到所谓"大地方的小博物馆和小地方的大博物馆",并转述艺术史学家的说法称这是"你在某一天早晨能够看到的东西"。我想这个广播博物馆也就是这种大地方的小博物馆,而且还是小博物馆述说大广播。博物馆所在是一幢外立面呈几何形体铝合金结构的宏伟建筑,大楼每日高速运转喧闹不停,而它却静静独处于电梯所不及的二楼环形廊道,等待着不期而至的注视。

最吸引视线的是聚光灯下高低错落的各式收音机。产自不同国度不同年代的收音机,在这里俨然成了深涵意蕴的艺术品,有点历史感,有点质朴韵味,散发几许怀旧味道。红灯711—2型是20世纪60至70年代最常见的机型,它曾经创下国内单一型号产品销售量的最高纪录,如今看来也不失精致。南京的红星系列则是50年代的国产化的高档产品,曾经批量进入国际市场。这里展示的是该系列的其中一款530型产品,产于50年代中期。另一款黑咖啡色的名为黑宝树的机子,五灯三波段电子管,产自20世纪40年代的英国。同时代的另一款五灯两波段电子管机,是美国的产品。据知,当年主办者为了向观众展示更多的收音机,曾经面向全国征集展品,得到颇多响应,来自全国各地的最远来自黑龙江省的实物以各种方式聚集于此,计有上海、春雷、红棉、凯歌、海棠等众多牌子以及一些产地不详的展品。其中不少展品是当时许多广播听众和爱好者梦寐以求而又难得一见的豪华精致的机子,甚至算是生活的奢侈品了。

  除了收音机,还有各式各样的广播专业使用的录音机、监听机、采访机、发射机和大小不一的广播喇叭、广播音箱等等。在这里,它们已经不仅仅是一种广播技术设备,更是一种具有文化符号意义的历史时代与世俗生活的标志。但是博物馆更重要的展示,是那些精心编辑的述说广东广播发展主题的文字、图片、模型和承载着广播具体运作内容的其他实物。从这里,你可以看到世界广播发端的概况和广东广播最早期、新中国成立初期、20世纪60—70年代时期,及至改革开放30年迅速发展时期的整个动人情怀的广东广播发展史,更可以看到当中那些具体鲜活的人事演变故事。

  在反映早期广播的旧照片中,我再次看到那幅曾经在某处看到过的照片,它应该是20世纪50年代早期所拍:一群穿着军装的年轻的广播人,形态各异地站在位于广州沙面的古典风格的电台大楼门前。很多年前我第一次见到这幅照片时,惊异地发现其中站在前排靠边的一名年轻人,就是后来把我引入广播大门的电台新闻部的负责人。照片中，年轻的他表情平静，略带稚气的脸上有一丝微笑，我从这微笑中读出了年轻人特有的意气风发。我始终觉得这是博物馆中最为经典的照片之一。

几年前，这位已年近90的广播人从他现在的定居地回来找到我，我带他参观博物馆所在的新广播大楼——广东广播中心，还在旧大楼原址保留下来的门廊瞻仰观览。他执意要看看当年工作过的新闻部也即现在的新闻中心。正走着，不期然遇上在新闻中心任编辑的当年一位老同事的女儿，握手相问之际，老人已是泪流满面。我猜想他既是为老同事之情而激动，也是见故人思往事，千头万绪涌上心头。就是这位老人，年轻时的照片静静挂在博物馆中，脸上永远带着一丝微笑。

博物馆中深深吸引我的，还有一幅表现西方商业生活场面但与广播有关的旧照片。这是博物馆内最大的照片之一，没有文字注释作者也无从查考，尽管精心复制也难以修复岁月磨损的痕迹。在这幅黑白照片中，我看到最初的无线电广播的收音设备和配件，体积那样庞大，造型质朴又不失精细；那些广播商品整齐排列在柜台中，或被店员搬到柜台上展示，吸引了多位顾客光顾与摆弄，从画面动态猜想大概是在鉴赏与交易。重要的是，这张照片还蕴藏着更多的细节，由此也透露了更多的信息：画面中几位人物装束严谨、笔挺，大概是当时社会世俗生活的写照，又或者收音机在那时候还属于奢侈选择？柜台乃至整个店面装饰以木材为主，人物服饰也似是坚实的粗棉材质，想必反映了当时的社会物质水平，又或是当时社会崇尚质朴单纯的写照；还有，三尺柜台隔开了店员与顾客，这是一种似曾相识的旧时店铺模样，那时大概还没有互动的开放式的商业零售模式吧……从这些细节，可以想象与感受遥远的生活，还原某种已然缥缈的生活图景。

我们看到的远不只此。这博物馆记录广播但也不仅仅是广播，它同时记录生活。许多图像让我们重温旧梦，许多细节令我们触景生情。就此意义上，这里每个展品其意义都是深刻的。广播人固然可以从中看到自己的过去，甚至可以从中揣测自己广播生涯的未来，就是普通某个观众，也可从中看到自己的生活影子，从而浮想人生的命运轨迹。

博物馆中有个小小的盒式录音带，上面附了些用钢笔书写的尚可辨认的文字。没有人知道谁曾经使用过它。过去是简单质朴的，这录音盒带也显得老式，但我们会因此忽略它吗？不同的参观者视角会有不同。事实上，一个广播人在这里看到一个有点原始的钢丝录音机、一个笨拙的大块头采访机，或者一张印制简陋的节目表、一张环境逼仄的旧工作照，绝不会觉得老土可笑，只会有一种庄重感，一种对以往岁月的敬重与怀念，或许还有一丝难言的伤怀。而一般参观者，则基本不会从这样的角度来凝视这些物品。他们或是前来寻找他们感兴趣的广播与自身生活的某些关联，或是借由广播回忆已经远去的历史与生活。因此那个有点原始的钢丝录音机可能会使他联想其曾经使用过的沾满油墨的机械打字机，那个笨拙的大块头采访机也可能会令他联想起以前单位里的黑色手摇电话机，至于那些印制简陋的节目表以及旧工作照等，则或会让他联想起小时候家里有点残破的旧小说和有点土气的全家福黑白照。喜欢寻根究底的都市闲逛者，可能会从都市生活的一种独特角度，将这一切联系起来。事实上，所有这些物质都具有某种历史共时的内在联系。展现广播实际上就是展现生活，因为近百年以来广播已经渗透并溶于生活。

显然，这个博物馆更多的是展现近数十年的广播。它反映近数十年来广东广播人在媒体竞争中以及在新媒体接二连三冲击下，不断改革进取，持续推动广播挺立于当代生活潮头、实现持续发展的艰难历程。在这里我们看到了中国大陆第一个现代意义上的主持人节目、第一个立体声电台、第一个主持人直播的大板块结构的综合式电台、第一个系列电台、第一个常设户外的直播室……这当中充满理想主义,充满广播人的光荣与梦想,也不乏艰辛与痛苦。正是这数十年间,生活也发生了巨大变化。这种广播与生活发展变化的节奏同步,恰好印证了广播与生活的内在关联。仅是这个博物馆所在的流花湖一带城市景观的演变,本身就是一个印证。

多么宁静的湖边的小博物馆!我们在这里观看广播,就是观看历史,就是观看我们曾经的生活。

第三部分　城市生活

对这城市我们了解了多少

深秋时节一个晴朗的寂静午后,我从越秀山南麓的百步梯逐级而下,沿着城市传统中轴线,从连新路经中山纪念堂、市府办公大楼和人民公园,走向广州起义路。金色阳光下轻拂着微凉的风,感觉是那样清爽,就这样我又一次开始了老城中的徒步旅行。

行程从中轴线开始真好,在越秀山越王台故址附近高高矗立的中山纪念碑绕一个圈,再从"古之楚庭"牌坊旁走一走,对城市悠久历史的感觉朦朦胧胧地也就出来了。带着这样的感觉在城市街道上走,所想的就不一样,总把眼前所见与遥远的过去联系起来,似乎每一个街角或每一处场所都直接或间接地与那个时候相关。这种感觉使我保持了一种历史的状态。

实际上,此次行程并没有具体明细的路线设定,我更愿意在一个大致确定的取向上,跟随心中意愿,走到哪里算哪里。我觉得只有这样随意而行的游走才能对城市和街区有真实的感受。而且行程一旦到了老城西部西关一带,除了城区干道,那里密如蛛网的横街窄巷对我来说也是颇为陌生的。我不能确定我将会在哪里看到些什么并且需要耗用多少时间,只知道这个与街区亲密接触的对城市再认识的寂静午后,是奢侈的、宝贵的。

越秀区内的那一段行程实在太熟悉了,从越秀山上一路走来进入起义路,我不需要任何路标引导与辨认,一种类似家园感的内在认同意识让我自然而然就准确地走在那里。一直以来都觉得起义路是相当平庸普通的,从南到北好象没有什么起眼的建筑,似乎也没几幢房子因有多高的建筑艺术而在记忆中留下深刻印象。但这并不妨碍我对这条街道的好感。这种感觉当然首先是因为对它熟悉。从有记忆开始,我就知道了在我生活圈中有一条如今叫做起义路的维新路。无数次从这里走过,弯曲的街道,两旁种有南方特有的榕树,宁静是它的特征。那时广州市公安局、华侨中学和广州教师进修学校相间坐落于此,高第街口附近还有一间铺面不大但相当有名的白雪冰室,路的南北两端分别联结着海珠广场和中央公园(即今人民公园)。后来我还知道,广州历史上最早的书院之一、建于宋代的濂溪书院就位于起义路,位置在当时的春风桥北边即今起义路西侧的马鞍街一带。(清·仇巨川纂《羊城古钞》)濂溪书院是广州书院起源时期为数不多的书院之一,它与当时各地设置的濂溪书院一样,是为了纪念宋朝学者周敦颐而建立的。周敦颐(1017—1073年)字茂叔,号濂溪。这位理学造诣很深的湖南道州人曾在广州担任广东转运判官、提点刑狱等职。据说他的理学思想在生前并不怎么为人知晓,学术地位也不高,但他精通政务而且"胸次洒落如光风霁月"。他的两个弟子程灏、程颐后来成为著名理学家。南宋时期周敦颐的理学得到尊崇,理学集大成者朱熹对他评价很高,并为他的著作《太极图说》、《易通》作注解。那时各地都设置书院纪念这位哲人。广州春风桥北的这座濂溪书院,正是建于此时期,但在元代时遭到毁坏。如今马鞍街内书院故址之上,矗立着连片的青砖石脚及坡形瓦顶的密集民居,周围更有大量近二三十年所建的多层现代民居,春风桥当然早已化为尘土。据记载,明清时期濂溪书院先后在药洲西边奉真观旧址（今教育北路北段西侧）和粮道旧署（今万福路北侧清水濠）重建。除了这座与禺山书院、番山书院一同作为广州历史上最早一批书院的濂溪书院之外，起义路后来还有一座千倾书院也颇有名气。建于道光年间的千倾书院原本是梁氏宗祠的所在地，这里也是大学问家梁启超在广州的故居。20世纪40年代，一群意气风发的西南联大毕业生租用此处创办了长风中学，也就是今广州第六中学的前身。经历世事变迁，千倾书院故址如今成了华侨中学的静静校园。走在路上不期而然地想到这些，会令人感到城市时空变化的神秘莫测。

  对起义路好感的另一个原因，就是我居然在那些"庸俗"的最普通的建筑中看到了城市街区之美，至少我觉得它是美的。沿途有百汇广场、建业大厦、合润大厦等多幢现代高层建筑，但它们都不是起义路建筑的主体。在路两侧形态各异的榕树掩映下，那些三、四层高的老房子有着质朴而又精致的结构线条，一些以青砖建造的楼宇，尽管挂满商业招牌或有其他杂物形成视觉干扰，但仍可以从中发现它们中西结合的建筑风格的精致美感。我还特别注意到，在树冠遮蔽下的阴暗的墙体以及黑暗的窗户，有一种静态的神秘，暗示这里是可以宁静栖居的生活港湾。这些老房子与它窗前楼外的老榕树所构成的景致，就如西雅图华盛顿大学建筑和艺术史教授格朗特·希尔德布兰德在分析此类模式时所说的那样：与人类居所的原型非常类似。

  然而，广州起义路最令我愉悦的是它那弯弯曲曲的街道。这种弯曲使街道景色变化丰富，行走于其中有步移景异的感觉，这是一种独特的城市街道魅力，人们因此而不嫌其长。我翻阅资料时才发现，原来1918年修筑作为城市中轴线重要线段的维新路时，市政当局为了避开千倾书院而绕了一个大圈，因此才形成街道弯弯曲曲的形状。我不禁悚然起敬，原来早在近百年前，广州城市建设者已经懂得尊重城市具有意义的建筑以及作出符合人性特点的街道设计,为此不惜将城市的中轴线调整弯曲。我们已经无从知道当时作出这种决定的具体过程,只是看到因此留下来的城市中轴线呈现曲线的现实——富于变化之美的维新路即今广州起义路。芒福德在谈及中世纪的城市规划专家对弯弯曲曲的街道的关怀时说:"一个步行人留下的自然痕迹是一条稍稍有些弯曲的曲线(除非他有意要克服这种自然倾向)……这种步行者一旦留下的曲线,它的美成了中世纪建筑的特点,也表现在中世纪后期和文艺复兴时期的建筑,譬如完美无比的牛津大街。"(刘易斯·芒福德《城市发展史——起源、演变和前景》)我们之所以觉得平庸普通的起义路总是有着某种莫名之美,总是能带给我们某种难言的愉悦感受,原来其中一个重要原因是它的设计和尺度符合人的自然倾向。

　　我就这样且行且看且想,不知不觉越过了海珠广场,在珠江边向西拐入沿江中路。在这里我远远就看见了矗立于珠江边的广州旧城的标志建筑——民国永安堂。这座由著名侨领胡文虎在20世纪30年代所建的近代企业大厦,楼高五层呈平面方形,首层沿街为骑楼建筑形式,东西入口有圆形拱门。1950年广东省政府接管了永安堂产业,之后一直交由省总工会使用。1994年胡文虎的女儿胡仙把永安堂捐赠给广州市政府辟为少年儿童图书馆。数十年来,永安堂大厦以它独特的三级收束造型和顶层的钟楼而为广州人所熟悉,它静悄悄地呈现着一位南洋著名华侨企业家、报业家和慈善家的人生传奇,关于"虎标"万金油的故事,一直是这座城市的市民大众流传不息的集体记忆。然而老城街道中隐藏了太多如今已无痕的有关变迁的往事。未必会有很多人知道,永安堂所在的附近一带位置,就是海珠桥、海珠广场和海珠路等据以得名的以前珠江河面上的一个岛屿——海珠石的所在地。

现在我如此轻快地行走其上的遥远年代的海珠石,相传是外国商人遗珠所化,《羊城古钞》载:"有胡贾持摩尼珠至此,珠飞入水,夜辄有光怪,故此海名曰珠海,浦若沉珠,其石则曰海珠石。"这是关于城市与世界联系以及城市商业历史一个富有想象力的奇妙传说。事实上旧时广州城下的珠江水道自东向西依次分布着海印石、海珠石和浮丘石三座石岛,其中的海珠石就位于今海珠南路以东一带。著名地理学家徐俊鸣考证,海珠石原来偏于珠江南岸,只是由于珠江北岸的淤积速度远远快于南岸,才使其逐渐接近北岸(徐俊鸣《广州市区的水陆变迁初探》,引自《广州历史地理论集》)。至1931年修筑珠江堤岸时,海珠石最终与珠江北岸连成一片。

在这密集分布着金融大厦、酒店商铺和各种民居的街道上,我努力想象旧时海珠石上矗立着慈度寺的景象。那寺庙多么宁静,飞檐高阁与朱甍画栋之间,错落着高大浓密的古榕树。人们将舟楫停泊于岸边树荫下,或闲歇休憩,或浅斟慢酌品尝河鲜,那些售卖荔枝、蒲桃和素馨花的小贩穿梭其间。清代时,这里筑有炮台,是为海防重地,还有一些官绅在这里捐资修建了文昌阁,以揽山海之胜。但如今我无论如何也很难将这些往日景象与眼前所见的街景联系起来。走着走着,居然在心中掠过一丝"残垒古阁如今安在"的时空怅惘,只觉得岁月会改变一切,偌大一个城市实在没有多少东西是恒久长驻的。匆匆走过沿江中路,已经看不到往日海珠石的半点痕迹。

之后,我沿着江边进入沙面岛,自东向西横穿全岛,从岛的西面进入古老陈旧的黄沙。接着折向北进入弯弯曲曲的其传统风貌即将消逝的恩宁路,再经龙津西路来到了逢源街。

这样匆匆忙忙地走着,肯定只能走马观花,城区中许多值得细细考究的地方,也只能一掠而过了。不过,有数百年历史的逢源街却以它最典型的西关街巷特色，使我脚步不由自主慢了下来。这里所说的逢源街，包括了逢源北街、逢源南街、逢源大街及逢源正街等一连串以逢源为名的古老街巷。说实话，尽管我在广州土生土长，但走过这条古老街巷的次数却不多，至于以一种城市关切的情怀，在这里沿街漫溯作纯粹的游览，则是第一次。

在逢源街内，我被鳞次栉比排列于麻石街两侧的西关大屋及所构成的街巷风情所吸引。这些多有上百年甚至更长历史的传统建筑门庭高大，坡形瓦顶和青砖石脚以及带有阳台的立面，特别是由脚门、趟栊和厚木门等组成的三重门，流溢着令人感动的古雅精致的美感。这些结构所形成的光影效果则暗示了它宁静的生活气质。间或有些更宏大的深院豪宅座落其中。当所有这些单个的建筑集合排列成为街道呈现于眼前时，一种对城市艺术愉悦的惊异以及精神的安顿感，也就油然而生。

踏着逢源北街已被岁月磨得光滑的长条形麻石路面，我顿感这巷中有一种时空逆转的旷远情怀。那些西关建筑无疑是属于城市并且充满优雅感觉的，但它们显然又是属于历史而不属于现代的。城市的许多故事与秘密就藏于无言的老屋中：逢源北街84号那座全西式的三层小洋楼，是民国初年英资的广州汇丰银行买办陈廉仲的旧居，现为荔湾区博物馆；逢源北街87号那座改良型的西关大屋，是抗战时期著名的第十九路军总指挥蒋光鼐的故居，这座大屋融入了不少西方小楼房的建筑元素；逢源北街82号是重建复原的清代典型的西关大屋。此外，还有逢源北横街9号至17号的中西结合式大屋，逢源沙地一巷36号的民国初期纯西式洋楼，以及同时期的那些红砖小楼房建筑。所有这些经典老屋紧密相连目不暇接，而且绝大部分至今仍在使用中，那些传统的日常生活从来不曾中断，因此整条街道弥漫着一种典型的广州生活气息。我想象，在街内每一幢西关大屋黑暗的窗户和幽暗的屋檐下,已经消逝无形的旧时西关生活故事,或富于传奇或始终平淡,每一段都是独特的,当中必定有许多悲喜交集、跌宕起伏的复杂细节。这些人生在世的故事,展开于逢源北街,其情节线索想必还远伸至沿海各大城市以及美国、加拿大、南洋等地,并且以近现代城市变迁为背景,充满生命梦想。看着这世俗的优雅街景,我联想起进出于十三行或黄埔古港的行商的匆匆身影,也想象着居于大屋深闺的西关小姐在麻石街上款款而行的倩影。更多的那些我们今天已经无从知晓的人,不仅曾经生活于此街,而且在此留下对他们来说极其重要的刻骨铭心的人生经历。如今所有这些都已随流水而去,唯有逢源北街和街内的大屋知道一切秘密。逢源北街因为默守着无数城中传奇而更显神秘。

  行程至此,已近黄昏。我由北往南从街上静静穿行,内心弥漫着对这大街及两旁老屋的旷远怀想和深深敬畏。我不可能知道这条古老大街的所有往事,但这大街及其建筑本身就是所有往事;我不可能知道这条古老大街曾经鲜活的所有情感,但这大街及其建筑本身就是于今未变的所有情感。

  折回恩宁路并由此走到上下九路,在这里,一个更大的不可思议的神秘出现在眼前,那就是1400年前印度高僧菩提达摩登岸中国的地点"西来初地"。菩提达摩是释迦牟尼的第28代传人,公元527年从南天竺航海到达广州,在登岸之处搭建草庵居住。他在南方居住一段时间后,转到北方传播他的禅学。达摩的禅学主张"不立文字,直指人心,见性成佛",所谓见性成佛,范文澜说意思是"觉悟到自心本来清净,原无烦恼,无漏智性,本自具足,此心即佛"。达摩要人们心灵安静得像墙壁那样坚定不移地禅定修行,以达到"身心轻安、观照明净"的状态。他始创中国佛教禅宗,并将衣钵代代相传。由于适合中国人的生存与思维方式,特别是适合中国文学艺术、士大夫的审美口味,到第六代惠能以下的禅宗已经比较彻底地变成了中国化、世俗化的佛教了。而且禅宗在发展中与儒家文化高度融合,并渗透于文学艺术及其他方面,像白居易、王维、苏轼等大诗人的作品中,就充满了禅语和禅味。儒佛融会最终使佛教在中国社会扎下了根,成了中国民众心目中自己的宗教,很难想象这一文化的重要开端之一,竟然就在广州西关这片窄小的"西来初地"。

但是这片地方现在看上去不怎么起眼。在一个叫"五眼井"的遗迹旁边,华林新街入口处有一个西来初地牌坊,进入牌坊内是古色古香并充满商业气息的玉器街。那些玉器商铺的门面很容易叫人想起西关大屋的味道,却很难使人想起达摩禅师在此登岸的事情。对于初到此地的游客,这里只是一个普通的可以买点纪念品或者做点批发生意的市场,你很难想象这是一个多么有来头的地方。

唯有见到位于街中央的门面窄小的华林禅寺,才发觉西来初地牌坊原来不是孤独虚有的。这座城市就是这样,时常把最重要的东西淹没于最普通最平常的东西之中,使你置身其中而不觉。立于华林寺内,脚下就是1400多年前达摩禅师登陆东土之地,而这华林寺的前身,就是当年达摩登岸时所搭建的草庵。《羊城古钞》载:华林寺为"梁普通七年,西竺达摩禅师从本国来,泛重溟凡三周寒暑至此,始建。国朝顺治十一年,宗符禅师重修,环植树木,蔚成丛林"。聊聊数语,却字字千钧,道出了此地的重要性。华林寺门面虽然窄小,但里面范围却不算太小,内有达摩堂和五百罗汉堂,这都是广州寺庙中独一无二的。静思于达摩堂前,每当想到一个天方使者和一个东方都市在久远年代邂逅的渊源,以及它的历史痕迹跨越漫长岁月至今不曾磨灭的存在,我的内心就充满了惊异。

另一个深深的惊异在于对城市时空的感慨,即窄小的地理空间与巨大的时间跨度的交错聚合。菩提达摩到达这里时，今上下九路至恩宁路一带，依然是宽阔的珠江河面的一部分。从沧海到城坊的改变，再到城坊漫长而复杂的变迁，云山珠水的有限空间承载了层层叠叠的太多积淀，都市喧嚣浮华和世俗生活背后，埋藏着数不尽的或无法知晓的古老秘密，也留下了数不尽的城市猜想。

夜幕将要降临时，我怀着对这个熟悉的城市一次新体验的惊异，沿着来的方向走出了西关。

对这座城市我们到底知道多少？越是行走于古老的街道，我就越会想到这样的问题。我们能够真正全面了解这个城市吗？我始终充满怀疑。面对这样一座有着悠长历史和多元文化复合的神秘之城，当下人们试图分析它和说明它的努力，有可能大多是片面的和表面的，充其量只能是对真正了解的步步接近而绝不可能是完成。尤其当我们以自己有限几十年的浅表感觉以及当代浮躁的思维定式来想象与解读这个城市时，以为几十年所见所想就是全部时，更是如此。

暴雨愁城

大清早气象台发布消息：雷雨蓝色预警信号生效。起来看窗外，又是乌云压城暗如夜晚，大雨顷刻将至。片刻之后，大雨哗啦啦倾泻而下。随后接连收到暴雨预警从蓝色升级为黄色继而升级为橙色的报告。

阴翳和雨幕笼罩下的城市，主调是沉重而又混沌的深铅灰色，街区景观是阴郁的。人的心情会受此影响。当下正值广交会期间，各地商人云集广州。如果现在问他们对这座城市的感觉，我想或许有人会这样说：这里怎么老是阴云密布雨下个不停？我可不愿意待在这样的地方。

恶劣天气给城市带来不安与恐惧，街区阴沉压抑的氛围更令人沮丧、郁闷。你看，深黑色的云团从远处天边气势汹汹铺天盖地而来，很快就布满了整个天空，城市顿时陷入黑暗。这些云团翻滚着不断变出骇人的形状。乌云的边缘或不同云层之间的一些空隙，还有大片诡异的紫蓝色或紫红色的光，阴森神秘地变幻着。沉重低垂的天幕似乎顷刻将会崩塌，向城市压将下来。你看，晦暗的大街静得出奇，偶有汽车疾驰而过，几只暗影般的飞鸟仓促掠过低空向黑云深处飞去，留下几许凄厉的叫声。这时，白茫茫的朦胧混沌的雨幕迅速蔓延过来，连同流花湖及附近楼房在内的所有景物，迅即迷茫不见，紧接着，大雨瓢泼而下。再看窗外最靠近的周遭景物，此刻完全陷入劈头盖脸的摧枯拉朽的风雨狂虐中，云气弥漫，水花四溅，树影动摇，多么可厌可怖的天气！多么晦暗阴森的城市！

然而，城市景观需要我们细细品味，每一个景观都传递或呈现某种思想或情感。这些可能在某个瞬间被你奇迹般地捕捉到的微妙而难以觉察的思想或情感，或将成为你的重要记忆。看呐，你不觉得乌云压城的阴郁街景也有独特的美吗？你不觉得暴雨压城的景象就如同台阶上飘落一片树叶的景象一样也隐藏着某种美吗？它们的美，是现实生活中的琐碎细节的真实呈现，是海德格尔所言的"此在"的具体而独特的感受，都堪称珍贵，值得珍视。

事实上，当你勇敢地毅然直视城市上空令人不安甚至恐惧的恶劣天象时，不安与恐惧即迅速消失。这完全是另一种眼光。你看，当漫天乌云汹涌而来，白昼的城市顿时陷入黑暗，深沉的天空闪出诡异的光芒，这不正是难得一见的城市奇景吗？高速变幻的云团越来越低，什么时候我们可以如此近距离地观赏它们的万千仪态？通常这时人们总是忙着躲避，唯恐避之不及，而你却在静观，看乌云如何积聚力量吞噬最后一缕光线，看雨幕如何横扫城郭气吞万里如虎，看人造之物在大自然的力量面前如何狼狈不堪却又依然顽固傲立。这样的经验，平常时候或者惯常状态下是不可能获得的。你看，天地混沌一片，暗云与蓝光相映，雨水在整个空间肆意飘泼，有哪一位画师能够描绘出如此透彻抽象的意境！风声雨声自远而近又由近而远，呼啸而来又狂飚而去，当中有掠过山间林木的涛声，有击打前街后巷的颤响，也有从屋檐落在阳台上的水滴声，又有哪一位乐师能够演奏出如此激越动人的乐章！这个时候，我想起了波德莱尔《巴黎的梦》的诗句："这一片可怖的风光/从未经世人的俗眼/朦胧遥远，它的形象/今晨又令我醺醺然……"多么可敬可畏的天象！多么奇特奇妙的城市！

雨淋漓酣畅地下着。稍过会儿，天空逐渐明亮了，四周景物变得清晰。此时放眼眺望，远近楼房显出明确的线条和细部，就连窗户和阳台及房顶的棚架也清晰可见。楼房被雨水淋湿了，外墙的水迹从局部逐渐扩展至整个墙体，被雨水深深渗透的部分色泽深沉，这增添了整幢楼房的斑驳凝重之感。近处楼房之间的树木和远处越秀山上层层落落的深厚植被，包括遥遥可见的榕树、南洋杉和木棉树等，在雨水沐浴下更显得葱郁苍翠。雨停了，空气清冷，远山黛影和山下层叠的楼房都沉浸在雨后的静穆中。正是此情此景，让人心中生出一丝阴郁与清冷，当中有某种凄清美感。

　　珍惜城市生活中遇见的每一个独特景象吧，努力从那些最普通的街景甚至通常不太喜欢的景象中发现有价值的东西吧。或许某个早晨或某个午后邂逅的某个都市情景，在你毫不经意的时候已经直击了你的心灵，你却懵然不觉；或许某个场所或某个街角所见的某个都市意象，在你似乎遗忘的时候却已潜藏于你的脑际，成为你未来岁月可堪回味的珍贵记忆。

　　还需谨记，这些情景或意象，并不都是阳光灿烂风和日丽的，也不都是宏大壮观的，它们时常以阴郁甚至恐惧或者极寻常极细微的形式出现。

早晨停电所想

大清早停电了。四周黑漆漆的,极感不便。起床后把房屋的门窗尽可能打开,好让初露的晨光照进屋子里来,又在客厅点燃了蜡烛。摇曳的烛光照亮了桌面上的小小空间,桌上物品的暗影散向四周,朦胧投射在墙壁上。在若明若暗中稍坐片刻,没过多久电就来了。顿时,屋里重又恢复往常的亮堂。

偶尔的停电,令我再度想起这样一个问题,即我们习以为常的所有东西都不是必然的。我们习惯了固定不变的日常事物,每天起来有电照明有热水洗漱,出门上班有公交车有地铁;我们享受着虽不算豪华但也富足的生活,可以时常到餐厅进餐到超市购物,欣赏城市、郊区与乡村的美景;我们为工作和社会生活而忙碌,或痛苦或快乐……但是,所有这些都是每日必备于我们的吗?显然不是。所有这些都不是必然及恒定的。我们生活当中一切的一切都会在某个时候发生改变。或者是渐变,或者是某一天早晨起来时发现已经时过境迁。大至宇宙自然、国家社会,小至城市街道、个人生活,无不如此。

所以我们要时常提醒自己:珍惜当下生活,学会欣赏当下生活所有真正有价值的东西,学会穿透生活表层进而捕捉生活的永恒本质。生活当中真正有价值的东西,有时就表现为一个微小的细节或呈现于短暂的瞬间。就每人不同的生活观念而言，焉知每日在城市街道上散散步不是胜于一切的美好享受？谁说观赏一幅绘画不是生活中最愉悦的时光？又或者光顾一下街头小吃、在茶楼或咖啡馆里呆坐、观察家中阳台一片小叶子上的水珠，谁说这些不是生活中最有价值的东西？生活中最有价值的东西就存在于我们内心真实感悟的所有物质与精神中。当我们如此真实地生活着的时候，当我们如此准确地把握生活的时候，我们就不会害怕并且能够适应生活的变化。

所以我们还要时常提醒自己：人，要随时准备着过另一种生活。应该尽可能使我们的生活变得简单，即使身处复杂中也要时常想着简单。只有简单轻松，心无挂碍，我们才能适应变化，才能适应命运突如其来的安排。我们应该明白，没有电的早晨和没有热水的早晨实在是太微不足道了。命运之神会为我们安排更多我们意想之中和意想之外的东西。我们就时刻准备着吧。

西方古代斯多葛派哲学家赛内加说过：我从来没有信任过命运女神，即使在她似乎愿意和平相处之时也没有。我把命运女神所赐予我的一切——金钱、官位、权势——都搁置在一个地方，可以让她随时拿回去，这样我就不会受到干扰，因为她只是把它们取走，而不是从我身上强行剥走。我非常欣赏这样的思想，尽管作为世俗中的人实践它可不容易。前段时间，我在英伦作家德波顿所著的《哲学的慰藉》一书中读到这一叙述时，顿感受益。噢！这是先哲多么精彩的人生哲思，多么具有智慧的人生价值信念！

让我想了那么多，感谢大清早的短暂停电。

……

嘈吵的世界又多了一个声音

今日（2012年8月23日）我的博客"大地倚在河畔"正式启用了。在这台风频繁登陆的夏季，河畔之地被你或属偶然地搜寻到了。这意味着，这个嘈吵的世界又多了一个声音。

进入博客以及微博的世界，在技术上是一件很容易的事情。之所以迟迟未有进入，皆因懒惰。其实也包括这样一个认识，即认为这个世界已经充满了声音，多一个不多，少一个不少，因此懒得进入。也包括担心自己一旦进入会过于沉迷而耽搁正事，因而保持距离。你看我的想法有多错误，居然将时代前沿的事物看作"并非正事"。

但我终究未能脱俗。2012年的某个时刻，在周围人们教育之下已经考虑多时的我，决定跟上时代步伐。经近日一番准备，于是有了此结果。我为此感到兴奋，尽管这个博客未见有什么惊人或亮丽之处。

嘈吵的世界又多了一个声音，此命题本身已暗喻了这个声音的无足轻重乃至多余。但人们并不因无足轻重乃至多余而沉默。声音总是在增加，世界是永恒的热闹。而且各说各话，我们可以在关注这个喧闹世界的同时，营造并保持一个自我的世界，从中获得愉悦。至于是否重要，则是不重要的。永恒的热闹正是由无数不重要的自我构成。

人们时常认为自己的观点总是对的，也不容易修正或放弃自己的观点。我同样有这一自我认知上的弱点。但我同时还有另一个弱点，即也时常因自知而缺乏自信进而自我怀疑。希望这两个弱点相冲，歪打正着，获得平衡。这里所说的平衡，是指接近客观真实。

博客取名"大地倚在河畔"，是为了记住一部香港早期电视连续剧《大地恩情》。这部连续剧与一个渐远的时代——改革开放初期的广东生活紧密相连。此剧当其播出时可谓家喻户晓。我不认为目前我们有哪一部电视连续剧能够在思想性、艺术性乃至观赏性上超越它。而该剧的主题曲则成了20世纪70至80年代广东生活记忆的音乐符号。它的部分歌词如下：

> 河水弯又弯，
> 冷然说忧患。
> 别我乡里时，
> 眼泪一串湿衣衫。
> 若有轻舟强渡，
> 有朝必定再返。
> 水涨、水退，
> 难免起落数番。
> 大地倚在河畔，
> 水声轻说变幻。
> ……

热带海洋风暴"启德"刚刚过去。"天秤"和"布拉万"紧随而来。这几个风暴没有正面袭击广州，却带来了连场豪雨。此刻窗外天空如洗涤过一般明净，远处流花湖畔的棕榈树和榕树也重归平静。我正是在此刻敲下了我的博客"大地倚在河畔"正式启用的最后一个键。

噢，"语不惊人亦自休"，谨以此作为开场白。

怀念一间书店

今晚（2012年6月22日）是华乐路唐宁书店结束营业的读者聚会，昨日已接书店邀请，但因父亲住院之事未能参与。不过，我整天记挂着此事。缺席这一聚会，总觉得对书店有所亏欠，心中隐约有点不安。

在华乐路，唐宁书店是一道美丽风景。这道美丽风景将要消失了，实在令人无奈。多年来，唐宁书店已成为许多人生活的一部分。如今情形将要改变。这书店存在时，我们觉得理所当然，日子长了也就不太在意，总之时常会去走走，几乎每次浏览都会买些书。现在，在华乐路唐宁书店买书这样惬意的事情，已经不会再有了。这样的事情，从此以后只能成为城市街道上的一个记忆。

初识唐宁书店，大约在2004年末。某日遇好友，他告诉我花园酒店后面的华乐路有一间新开不久的名叫唐宁的书店，环境相当不错，很适合阅览。又说书店所在的华乐路很宁静，附近有些专卖服装的小店，如果夫妇俩一起去，你慢慢看书，夫人逛逛小店，那真是各得其所。我第二天就跑去看了，在街道东边即将尽头处找到了这间书店。店面中间深灰色木框架玻璃门上面，"唐宁书店"四个蓝色繁体美术字颇为夺目。透过楼下的落地玻璃窗，可以清楚看到店面右侧装修古雅、布满黑褐色书架的阅览厅，和左侧色彩鲜艳的音像制品销售厅。从二楼玻璃窗透出的柔和灯光，可以隐约看到高大的书架和静静的阅读者的身影。

这间偏于繁华闹市一隅的书店，楼上楼下常备有数万种的各类图书。宁静是这里的特点，轻轻飘荡的音乐更是让人身心清净。这真是个钻进书堆暂避烦嚣的好地方。从此，这里便成为我不时出没之地。恰如好友所言，我时常是与夫人同来，她就在附近服装小店逛逛，我就在书店里阅览，然后或在书店或在小店里会合。又或者一起逛完书店之后，再一起去逛服装小店。附近有一间"宋生靓汤"餐馆，在那里吃过晚饭后再到书店去，时间上最充裕。

从未细想过这书店为何如此吸引我。是独立书店雅致时尚的布局？还是书店"服务人文"理念所营造的宁静阅读氛围？就我的感觉，雅致是确实的，但深色调的厚重拙朴的密集书架，却谈不上怎么时尚。我到这里来是为了阅读与购书，只知道在这里阅读与购书是多么愉悦。固然买书时偶尔会收到一张别出心裁的书签。身穿唐装的店员既细心也不会过分热情，始终让你拥有浏览阅读的自由空间。楼道上小小的留言板，也让人感觉此处充满温情。然而在我看来，这里更大的魅力在于，它总是能够让人不断生出期待：在某个书架上或将有我所寻觅的下一本。多年之后，有人说唐宁书店就是广州的"诚品"书店。其实唐宁书店就是唐宁书店，如果要作比较，我倒是更多联想到巴黎左岸的莎士比亚书店。唐宁书店与美国普林斯顿女子丝薇雅·毕奇在第一次世界大战末期的巴黎创办的、并由一位美国文艺青年乔治·惠特曼所承袭的莎士比亚书店，即使在店面上也有某种相似。同样的深色调木框架玻璃门，同样的密集堆叠的图书，同样的闹中取静的环境，就连门牌也同为37号。后来我还得知，唐宁书店的创办者是三个女孩子。生活于北京并专攻设计的张小姐遇到了攻读金融投资的鲁小姐和攻读营销的简小姐，由于对广州这片热土的向往，三人几经合计，决心在这座城市搞出点文化名堂。她们艰难筹资，并在华乐路找到属于世贸新天地旗下物业的这个旺中带静的地方，经过一番精心设计与装修，书店开张了。书店的开张意味着许多爱书人的心中又多了一个必须牢记的地址。不太大的店面很快就吸引了大批读者，其中不乏将此处视为精神高地的文化香客。同为女性所创办，并且成为了一座城市重要的"地标书店"，这是广州唐宁书店与巴黎莎士比亚书店最有意思的相像之处。

我与唐宁书店联系的进一步加深，始于我的作品在这间书店的销售。2008年《广州这个地方——对一座城市的思考与情感》出版之后，不多久就在唐宁书店上架。由此我在华乐路街道上出没更加频密。作品在这里的销售给我带来了快乐，也包括一些虚幻的满足感。我的书居然进了唐宁书店畅销书排行榜，曾经位居第四，此等在许多人看来的平常事却让我高兴了好几天。书销售得似乎不错，时常脱销又时常补货，书店总是把它放在显眼的位置，也算得上是受读者欢迎。一位署名"遥远的旋律"的博客作者写道："今天下午有空，直奔唐宁书店，只为一本书《广州这个地方》……我第一次看到这本书就觉得要拥有它……"每当读到此类文字，心中既深感读者的信任，又有点获得认可的暗暗自喜，当然更要感谢包括唐宁书店在内的所有书店。

唐宁书店给了我持续的购书之乐。这是最为重要的。在我家书房里塞得满满的颇为累赘的书架上，就有许多购自唐宁书店的书。记得《东亚海域一千年》是在一个夜晚购买的，那天参加完一个活动后，像获得逃脱一般匆匆赶来；《唐朝的外来文明》是在一个静静的周末午后购买的，那天在附近小店吃完中午饭，有充足的时间在此浏览……近期而言，去年初春的一次购书颇为有趣，那天中午与电台老新闻中心几位同事在环市东路兴悦酒家聚会，结束之后，趁着午后的寂静时光到了书店，浏览中，在新书台上看到《坐拥书城》精装本，甚为喜爱。但此书当时只有2本，我购书有个恶习，即总是要挑没有人翻阅过的，此书只有2本，被许多人翻阅过的可能性很大，为此我宁愿不惜腿力跑到其他书店去购买。于是我赶到北京路联合书店，没有，再赶到中山路昌兴街学而优书店，店员在电脑上查阅后说，整个学而优书店只有深圳分店还存有1本。此时，我觉得必须尽快再赶回唐宁书店去。果然晚上再去的时候，此书只剩下1本了，我只好暂改恶习，果断地把此书买下来。

  唐宁书店还让我认识了华乐路这一片街区。这是唐宁书店额外带给我的收获。如果没有唐宁书店，我基本上不会到这一带街区来，也可能不太知道华乐路。如今，我熟悉这里的许多所谓外贸服装小店，熟悉沿街弥漫着休闲情调的咖啡馆和小餐厅，也感受到了宁静书店外面的色彩缤纷诡谲暧昧的夜生活情景。转过一个街角再穿越一条过街隧道，就可以到达环市路友谊商店。而在过街隧道旁边，我无数次仰望过51层高的合银广场即今正佳东方国际大厦的侧影。这是此处一带最宏伟的建筑之一，但也是城中最有名的烂尾楼，建造了15年，迄今尚未落成。在它周围散布着许多旧式的宿舍楼，静谧中颇有点岁月遗痕的况味。至于矗立着双塔楼的花园酒店则实在是太熟悉了，只是以前不太知道，在这全国知名的酒店背后，隐藏着如斯的精彩。

  唐宁书店也曾经把我弄得相当狼狈。几年前的一个晚上，参加完了父亲书法展的晚宴后，带着酒意从天河区赶到了唐宁书店，接着参加书店举行的PARTY，庆祝书店咖啡座开业。书店为此把楼下的阅览厅全挪到二楼去了。可能在路上颠簸的缘故,加上本身酒量不行,到书店后醉意已上来了,满脸通红,透着酒气。只好独自坐在咖啡座最靠里的一个座位上,伏于桌上歇息。其间有同事向我引见书店负责人,但此时感觉极难受,只能应付着握握手,旋即继续伏于桌上。旁边是热烈交谈笑声朗朗的宾朋,四周咖啡飘香灯影摇动。但我只能这样歇着,稍后即悄悄离开。其实是我自己把自己弄得相当狼狈,这与书店无关。说起来,偶尔应酬喝酒之后,我倒是喜欢往书店里跑,主观感觉是,书店的绝对精神能够为我解酒。在书架前慢慢浏览着,静静阅读着,酒意很快就会消退。还有,平时犹豫不决而未有购买的书,此时会毫不犹豫地掏钱包,事后还会庆幸,这是趁着酒意把好书买了下来。所有这一幕幕,部分是在唐宁书店上演的。不知道我的这些行为给店员们留下了什么印象。但我大致相信,时常我们自认为有多重要的事情,其实别人从未注意,或从不在意。书店包容了读者的许多怪癖,包括我带着酒意购书的行为。尽管事属偶尔,为此还是要向书店致歉。毕竟,带着酒意满脸通红进入书店这样的举动,某种意义上是对自己所敬重的书店的一种冒犯。

华乐路的唐宁书店关闭了,左岸的莎士比亚书店却依然屹立。其实两者很难比较。莎士比亚书店并非一间简单地销售图书的书店,在那里,先后聚集了画家毕加索、作家乔伊斯、音乐家斯特拉文斯基、舞蹈家邓肯,还有美国作家海明威、菲茨杰拉德;英国作家D.H.劳伦斯;苏联导演艾森斯坦。还有似乎已经被淡忘的美国钢琴家与作曲家乔治·安太尔,以及年轻的美国诗人兼出版家罗伯特·麦卡尔蒙。书店还独力出版了乔伊斯厚达732页的巨著《尤利西斯》,轰动文坛。唐宁书店优雅起步,曾经也有许多辉煌,它的读书沙龙回荡过许多艺术家和作家的声音,但始终艰难生存，不免让人有丝丝忧伤。

  当熟悉的橘黄色灯光刚刚熄灭，怀念已经开始了。华乐路唐宁书店将搬到天河区正佳广场四楼继续营业。据说在那里书店会有更大的营业面积，店面和内部装修会更精致，也会有更大的客流。然而对于许多读者来说，华乐路唐宁书店有它独特的精神，在那里浏览、阅读和购书是如此惬意，正佳广场的唐宁书店还能够延续这份惬意吗？

我喜欢在平淡而优雅的街道上漫行

中午与家人在盘福路甜心狗城市咖啡吧用餐。小小厅室顾客不少,却很安静,轻轻的音乐伴随,颇有悠闲情调。吃得很简单,只是我多要了一杯咖啡。这是一段好时光。

吃罢午餐出来,在静静的盘福路上漫步回家。忽然一种强烈的感觉涌出:盘福路是一条多么美好的街道!轻松地走在这条街道上,是一件多么美好的事情!

当40多年前第一次路过盘福路时,小时的我根本没有想到这条弯弯曲曲的街道日后会与我的人生历程有那么紧密的关联。即使是1973年开始每日在坐落于此的中学上学时也没想到。事实上从这一年起,这条街道就与我的人生历程密不可分:初时作为学生在此往返读书,毕业后留校任教在此上班,多年后入职电台在此工作与生活。最终这里竟成了我的"地盘"。

转眼过去了很多时光。盘福路已然是我生活的一个组成部分,只是,我少有机会细细端详它,好像也没有多少闲功夫去关注它。它似乎极不起眼。或者说,我们往往将注意力和精力都集中在工作、事业与生活的"大事"上去了,像家居后面的街巷这类"小事"也就很难进入我们的视线了。更何况以往一直认为盘福路是那样粗陋及普通。

终于有一天我们发现,其实往往正是那些"小事"或者身边琐碎的东西，对于我们自己才真正具有意义，对于生活才具有真实价值。我终于关注起盘福路了，连同它周边的小街小巷。我惊讶地发现，原来盘福路是充满美感的，而且它越来越美。它的美属于城市，属于街区。

盘福路有浓密的树木，特别是街道中段有许多根深叶茂的高大榕树。树荫掩映下可以见到紧密排列的建于不同年代的楼房，其中有许多旧建筑。街道两侧建筑的后面，是更为密集的民居。格局紧凑，但略嫌拥挤。此地充满了人的活动，沿街及内巷可以看到城市世俗生活的真实场景。氛围是轻松的，而且弥漫着一种老城旧街恬淡慵懒的情调。但在全天之中这种氛围随着时间不同而略有变动，在繁忙时刻节奏会加快，可以见到许多脚步匆匆的行人。有趣的是，在街道的人群市声中，你不时会听到咿咿呀呀的地道粤语叫卖声或喧哗吵闹声；又或会听到某座屋檐下分明是从老掉牙的录音机中飘出的几声蛮歌野曲。

这是一条生活的街道，而且是可作多种选择的街道。仅以饮食为例，从东北角路口到西南端尽头，200多米的街道上依次有越秀渔村酒楼、鲩鱼仔餐厅、"一间"日本料理新概念餐厅、甜心狗城市咖啡吧、云南风味餐厅、新泰乐黄鳝世家、华茂咖啡座、六婶西关小厨、客家王餐厅等近10家。至于内街的"玲又珑"粥粉店、大可以面店、味然香美食及各式快餐店更是多不胜数。除此之外，街道上还有彼此紧密相连的银行、酒店、美容店、房地产中介、街头书报亭、卡拉OK娱乐店、24小时便利店、士多店和西饼屋等等。

最有吸引力的还是街道上的生活景象。每日清晨阳光从老城街道建筑的空隙洒落下来，沿街房屋的门窗在晨风中渐次打开，店主们又在店前堆起各式货品，包括地摊的各种小食和小杂货。特别是沿街的菜摊，堆满嫩绿饱满的各种新鲜蔬菜，相当吸引人。还有小花店中的玫瑰花、百合花、康乃馨，隐隐飘香。饮早茶及匆匆赶路的人穿梭其中，新的一天又在小贩们的叫卖声中开始了。

  人们或许觉得盘福路过于世俗化，并且缺少期待中的旧街道所应有的历史精神。其实不然。盘福路的生活味道恰好是建立在古老的城市历史演变基础上的。且不说著名的越秀山和南越王博物馆就在它的近旁，光是它有一条名为"兰湖里"的内街，就足以让你想象它作为老城街区历史演变之悠久。典籍记载兰湖里一带在唐宋时仍是湖水较深的城西古兰湖的所在地，后来城区演变湖泊逐渐消失，经历漫长岁月留下了这条古街巷。还有另一条内街"双井街"，相传因城北施水庵旁的双眼井而得名。该井下有双孔，春夏间井水时常溢出地上。又说南汉时街的西边建有宫苑。这些都令人对以前此处的景象充满遐思。今日兰湖里和双井街依然活跃喧闹，让人感觉这里的前尘往事并未走得太远，城市生活仿佛千年如故。有意思的是，盘福路这些古老历史的精神并不张扬，而是静静渗透于日常生活画面中。街道上还有一间中学、一间小学以及一间图书馆，中学的围墙呈波浪型，青砖碧瓦，这为街道传递出几许文化气息。如今盘福路东北起始处还辟出一角虽蹩脚但毕竟有意义的明城墙遗迹小景，让人谨记此处曾经是广州城墙的北门，而盘福路就是在旧时城墙的基址上修建的。普通却又深有来历。这静静的丰富的平常生活的街道，你还有多少我们未曾知晓的故事？我们能够细细体味那隐然潜在的古老精神吗？

  我爱盘福路，我喜欢在这平淡而优雅的街道上漫行。

没有来历的奇香
——寻找广州咖啡馆

我绝非懂咖啡之人。关于咖啡，除了但凡稍喝一点的人都能说的常识之外，实在说不出什么东西来。只是不知始自何时，我喜欢上了这种黑褐色的飘着奇香的液体。

初时使用手摇研磨机，操作各种虹吸壶、滴漏壶、活塞壶、蒸漏机等。也喝了很多速溶咖啡，那句经典的"滴滴香浓，意犹未尽"，极尽诱惑之能事，居然让我觉得此物要比依稀印象中从邻家飘来的海南咖啡香气更浓更醇。全因懒惰，后来改用半自动咖啡机，直至变为全自动的，甚至还有更便捷的胶囊机。当然原先各种机子绝不舍得丢掉，极偶然时候，还会颇有兴致地再派上用场。轻松自制咖啡，那是何等惬意。

但喝咖啡的人总是要寻找咖啡馆。无论自制的咖啡如何香浓，咖啡在文化本质上是属于咖啡馆的。北京路银座三楼原有一间乌玛咖啡，黑褐色的藤椅伴着黑褐色的咖啡，在这商业繁闹之地独处一隅，颇觉安静。此前，建设大马路及附近一带出现了今日广州较早的一批小咖啡馆，稍后的老树咖啡馆则较有规模。比较喜欢的咖啡馆，还有中山五路昌兴街学而优书店所开的"另外空间"。这个小咖啡馆坐落于一幢中西合璧风格的老屋楼下，挂满壁画的橘黄色墙面，烘托着暗绿色的线条精细的木饰面墙裙。在此可以一边品尝不错的咖啡,一边静读刚从楼上买来的书籍。印象较深的一次,是某年春节前夕的寒冷午后偷闲到此小坐,窗外街中颇冷,屋中香气四溢的摩卡咖啡悄然释放暖意,轻松畅快之至。可惜此咖啡馆后来因楼上书店的结业而随之消失了。

以我的感觉,在广州,好咖啡馆总在寻找中,与每一次愉悦发现同时到来的,往往是对下一间的期待。可能"中毒"较深之故,一直以来,我总是不切实际地以多年前曾匆匆掠过的那些欧美咖啡馆的虚渺印象,连同许多作者描述过因而在书本上"熟悉"的诸如维也纳哈维卡咖啡馆、叔本华咖啡馆,巴黎丁香园咖啡馆、双偶咖啡馆,葡萄牙花神咖啡馆等等,来想象及期待我在此地将要看到的咖啡馆。因此,那注定不会停顿的寻找,也就更加没完没了了。

那么何为好咖啡馆呢?一般而言,除了能够制作香醇美味咖啡之外,大概是指具有深厚的咖啡文化传统吧,或再兼有其他什么?但是,所谓深厚的咖啡文化传统又意指为何呢?是17世纪初伊斯坦布尔街头热闹哄哄的众人谈天说地的咖啡馆,还是18至19世纪伦敦或维也纳那些"看见别人或被别人看见"的,既可谈论新闻也可保持缄默性格的"优雅的咖啡馆"?又或是后来世界各地城市中既作为社交平台但已不再喧闹,并以咖啡香营造浪漫情调的咖啡馆?咖啡馆既被指是社交平台,又被称为思维碰撞之地,以及可以改进个人行为的城市特定空间,甚至有研究指某些中产阶级就是在这里逐渐完成自我教育的。当然也有分析指咖啡馆如同社会的一面镜子,18世纪伦敦《观察者报》说人们在这里可以邂逅各种陌生人,观察他们的姿态,并从他们的品行中获取教益。在历史上,咖啡馆还曾以激烈的言论挑战过王权,譬如1660年伦敦查理二世就差一点因为咖啡馆的言论而将其关闭。也曾存在过作为商业俱乐部的咖啡馆、市民和工人的咖啡馆,以及作家的咖啡馆、艺术家的咖啡馆、"愤怒的年轻人"的咖啡馆……

如果因为咖啡馆具有明显的公众性,是所有人都可以利用的聚会场所,从而认为在历史上的咖啡馆之间就没有太大区别的话,那就大错特错了。不同的人会去不同的咖啡馆。即使那些超凡脱俗的思想家、哲学家和社会学家也要寻找某种公众场所,"来者不拒的咖啡馆则是志同道合的'常客们'聚集的地方。其中之一,巴黎的普罗科佩咖啡馆因狄德罗和他的朋友们经常光顾而著名。"(雅克·巴尔赞《从黎明到衰落——西方文化生活五百年》)据说这间巴黎最早的咖啡馆,到了Procopio手里时更善于用空间营造氛围,以致让卢梭、伏尔泰等天才坐在这里就不想走了。这大概可算是哲学家的咖啡馆吧。在被称为巴黎咖啡馆文化起源地的这一带区域,还有供大学教授专用的咖啡馆,以及大学生与见习军官的咖啡馆等等。咖啡馆因应需要形成不同的顾客圈,顾客选择上也具有倾向性,事实上每人都有各自的咖啡馆。面对咖啡文化各个时期迥然不同的演变和丰富复杂的内容,当我们强调它的历史传统时,我们清楚这是意指什么吗?我们意指哪一种特定的历史内涵?

其实旧有的咖啡文化传统正在消逝。在传统的严格意义上,咖啡馆的时代已经终结。如有学者所言,人们还会去咖啡馆,但作为一种集体聊天体验的咖啡馆理念已经不复存在了。全球范围内,今日咖啡馆很大程度上已经历史地蜕变成为纯粹的时尚消费去处。传统往往只作为助推消费的一种饰物。这似乎是咖啡文化演变的潮流。事实上,在生活高速进步,技术上可以标准化精细控制质量,能够轻易复制各种"好口味"的情况下,加上舒适的环境,咖啡馆作为消费品自然能够吸引大众,咖啡客作为消费者依然乐于在此逗留。所以咖啡馆依然持久存在,全新意义的咖啡文化正在滋长。在广州街头巷尾，也随时可以看到某天忽然冒出的大型咖啡店或小咖啡座。我的后街盘福路有一间并不起眼的"甜心狗城市咖啡吧"，某日前往，居然可以安坐其中糊里糊涂浮想，以致离开时忘记付账，径直往店门走，幸好店员客气地与我打招呼感谢光临并予提醒，防止了一次走单。

如今，我们依然可以偶尔寻找到不错的咖啡馆。前段时间，有人在微信上向我推荐他们刚刚发现的位于天河北路沃凯街的"MAAN COFFEE"（漫咖啡）。当晚即慕名前往。水晶吊灯标志了室内各个区间，暖调子灯光下，润泽的原木桌椅和部分皮靠椅透出精致与质朴，浅褐色的跨越三个楼层的高大书架营造了整个空间的安静氛围。这是让人愿意待更长时间的地方。春节前某晚去沙面，在东桥入口附近，赫然看到沙面大街1号那幢欧陆风格楼房耀眼的"KAFELAKU COFFEE"（猫屎咖啡）霓虹灯。这是又一个发现：券廊式三层高的百年老楼，从门前大台阶进入首层，室内柔和的灯光伴着轻轻的音乐，深褐色的皮沙发和啡色调子装饰，完全是都市休闲派头。色彩缤纷的柜台展示供应的品种。服务员隐藏在庞大而精致的带有多个把手的咖啡机后面，像机械师操作机器那样，连串的复杂操作和发出嗞嗞声之后，一杯如艺术品般的咖啡递了上来，服务员的动作也颇为优雅。此店开业才不久，相信将是咖啡客又一好去处。附近不远处，还有一间规模比这更大的同样落户于一幢百年欧式楼房的星巴克咖啡馆。然而所有这些让我们感觉颇为不错的咖啡馆，与咖啡文化传统似乎已经没有太大的关联。

在广州，咖啡文化传统其实从来就不曾存在过。咖啡那沁人心脾的气味，实在是这座城市一袭没有来历的奇香。打从开始，咖啡馆之于广州就是一个时尚消费去处。或许很久以前已有地道咖啡客存在，但他们零星散布于城市深邃的时空，并不构成传统。不仅如此，我们今日所见咖啡馆，如同世界各地城市那样，多为全球连锁经营机构，其理念，其模式，已经颠覆了我们意指的传统。

曾读英国文化历史学家马克曼·艾利斯所著《咖啡馆的文化史》一书。作者在书中以独特视角描述欧洲业已消逝的影像与社会人生，从初识咖啡、欧洲咖啡馆的兴起，到咖啡馆的"没落"，再到浓缩咖啡革命，娓娓道来。该书最后一章详细介绍星巴克连锁咖啡店的创业过程以及他们如何将星巴克模式推广到全世界去，从而改写咖啡文化的历史。但他个人对这种模式并不以为然，他分析说："当特征鲜明的咖啡店失去了自己的特色，变得千篇一律的时候，越来越多的人认为这种随处可见的咖啡馆其实是一种损失。"（马克曼·艾利斯《咖啡馆的文化史》）显然，今日广州咖啡馆，很大程度上也是这种模式的发展蔓延部分及作为全球市场的一个链条。在书的末尾，这位深爱咖啡之人如是说："咖啡馆连锁店消除了离经叛道的声音，并且严重乳品化，故而咖啡馆已不再具有抗议和反叛的特征。这是他们的好处，却是我们的损失。"

我想："他们"是谁？"我们"又是谁呢？

沙面岛的咖啡

咖啡馆坐落于沙面岛感觉再适合不过了。那里的欧洲情调和西方建筑，罗马式的穹窿、哥特式的尖塔、折中主义的拱廊和柱式等等，似乎让咖啡馆回到了它的故乡。漫步越秀或荔湾老城，在茶楼与粥粉店之间邂逅一间咖啡馆，感受固然不错，但总觉得有点怪异。唯有在沙面，咖啡馆的存在显得那么自然。尽管这里最有影响的咖啡馆也是新式的连锁经营店，与咖啡馆文化传统已经相去甚远。

猫屎咖啡连锁店不久之前落户沙面，入驻沙面大街一号的券廊式百年老建筑，这让我时常想着要到沙面来。事实上，在最近一段较短的时间内我已经来过多次。在这里欣赏咖啡馆与老建筑的结合，可谓相得益彰。

但是细想起来，欧洲情调和西方建筑又与咖啡馆的故乡有什么关联呢？严格说来，欧洲也不是咖啡馆的故乡。早在欧洲尚不知咖啡为何物的16世纪中期，咖啡馆在奥斯曼帝国的首都君士坦丁堡（今土耳其伊斯坦布尔）已经非常风行。而世界上最早的咖啡馆，据说是更早时候出现在中亚地区的圣城麦加。而我却在想，公元13世纪埃塞俄比亚军队入侵也门，将咖啡带到了阿拉伯世界。在那段漫长的时间里，就没有出现过可称为咖啡馆的东西吗？我断言，咖啡馆是漂泊者，它没有故乡，世界就是它的故乡。

由此我改变了咖啡馆在沙面似乎回到故乡的想法，只把沙面之行，看作是一边品尝世界饮料，一边欣赏古老建筑的颇有趣味的旅行。

越过猫屎咖啡进入沙面大街，沿右侧人行道西行，很快就遇见一间名为"啡天地"的小咖啡馆。这间小咖啡馆其实是"10号花园"餐厅的一个部分。在沙面，这种隐身于一角的小咖啡馆颇多。别看其小，出品通常不输于乃至胜于大型连锁咖啡店。沙面南街一间位于二楼的咖啡座，同时供应咖啡和啤酒，或可说是咖啡馆与小酒吧的合体。想象在阳台的遮阳伞下小坐，时而俯瞰街景，时而仰望旁边楼房外立面的精致细部，足以打发半天时间。特别值得推荐的是位于沙面北街65号的"WTC体验馆"，古典的极有个性的静谧环境，自家烘焙的咖啡豆，走的是精致单品路线，其所制作的手冲咖啡也堪称精品。

但这一次我最终还是到了位于沙面大街50号至52号的星巴克咖啡店。吸引我的完全是该店古典券廊式建筑的环境以及此环境所营造的咖啡氛围。光影柔亮的大厅，长而宽阔的靠里一侧墙壁有百叶窗的拱廊，连同楼道、梯间的每个细部，宛若一本老旧却精致的书籍，足够我细细阅读，弥漫的咖啡香恰如其分地诠释着这个建筑的意蕴。券廊式建筑只是某种建筑的地域化变体，如果在楼外的露天座位上，还可以远眺近观沙面大街的街心花园以及两侧多种风格的建筑，包括新古典式、折中主义式、新巴洛克式、仿罗马和哥特式等等。这些建筑所蕴藏的内在深沉之美，在手中咖啡的奇香中不断被烘托与释放，让人陶醉。

我想，咖啡与欧洲古典建筑的结合，实在是一件偶然而伟大的事情！从300多年前的最初相遇开始，它们就共同创造了一种生活的新空间，今日人们心中总是带有浓浓欧洲想象的咖啡馆概念由此逐渐形成。这并非简单的组合，它改变了城市生活的景观。有些建筑从一开始就是作为咖啡馆来专门建造的。19世纪初期，意大利佩多奇咖啡家族在帕多瓦建造了新古典主义风格的佩多奇咖啡馆。这间外观颇像古典剧院的咖啡馆由著名建筑师朱塞佩·哈佩利和安东尼奥·格拉代尼携手设计建造，采用希腊式的戏剧手法和罗马式的装饰细节，入口有非常醒目的多立克柱廊，后来又加了一个哥特式的侧翼。这一令人愉悦的咖啡与建筑的产物成为当地人每日生活的组成部分，也是帕多瓦的某种标志，在建筑史上留下了它的记录。（马文·特拉亨伯格、伊莎贝尔·海曼《西方建筑史：从远古到后现代》；大卫·沃特金《西方建筑史》）又如威尼斯的弗洛里安咖啡馆（Café Florian），尽管它属于其所在的一排建于1586—1640年的"行政官邸大楼"的一部分，但近300年来这里作为咖啡空间从来没有改变过。咖啡与欧洲古典建筑如此合拍，它们共同营造了现实的意义与美学，生活的艺术与浪漫。它们在物质环境上所显示的是超越单纯实用功能的无限空间——为精神提供居所的浪漫空间。

于是，带着咖啡的余香在午后的沙面街道漫步。先前熙熙攘攘的游人与茶客已经逐渐稀落，成群结队的骑自行车晨运者早已呼啸而去，街头艺术家动听的口琴声也已飘远。此刻伫立在街面上，凝望某处窄巷内高高矗立的一幢法国新古典式建筑的侧立面，西边阳光静静洒落在飘出的有点巴洛克味道的阳台上，以及拱形窗边和多立克柱上。在它的纯净而坚实的静穆中，可以感受到一种已经超越单纯的目的性而显示出自我的浪漫建筑特征。

建筑哲学上有将西方传统建筑分为象征、古典、浪漫三种类型的理论。黑格尔认为哥特式建筑是中世纪浪漫型建筑的典范，他说浪漫型建筑不受应用性的束缚，它既符合最初建造的目的又超越了目的，"作为一种本身独立自足的建筑而耸立着……坚定而永恒"（弗里德里希·黑格尔《美学》）。以我的理解或看法，就建筑对今日生活的影响而言，所有精致的古典建筑都是浪漫型的建筑——它们多么浪漫！

而咖啡也是浪漫的。它除了作为一种世界饮料很实在地提供给人们品饮之外，同时具有某种象征意义和自由不羁富于个性的精神。许多咖啡客走进咖啡馆，并非单一地冲着咖啡的味道而去，他们向往咖啡所营造的美妙感觉与氛围。浪漫型的建筑与浪漫主义的咖啡恰到好处的组合，实在是一种相得益彰的绝配。这种绝配，在广州，只有沙面。

我想起第一次来到沙面猫屎咖啡馆的情形。在楼前中央台阶的两侧，也就是首层柱廊下方的台地上，已有咖啡座椅置于遮阳篷下，围栏和灯柱的装饰铁艺尽显古典的设计灵感。楼内区间分布最大限度地保留了建筑的原有格局，其他布置则是全新而精致的，装有小铜钉的褐色皮椅和雪白的瓷杯在暖光映照下尤显优雅精美。尽管墙上渲染咖啡品位的壁画与照片有点故作姿态，但依然禁不住心头愉悦。那不仅是为在这里能够喝到上好的咖啡——确实这里的麝香猫咖啡（Kopi Luwak）可称上品——而满怀高兴，更是为看到这样一个咖啡与建筑精巧组合的浪漫空间而兴奋雀跃。

是的，咖啡在沙面岛并非回到故乡。它是与这里的古典建筑一起共同营造了物质与精神合一的更精致优雅的生活空间，显现出一种如哲人所言的独立自足的浪漫精神。

咖啡：理性的浪漫

某日忽然感到奇怪：为何整日心情如此舒畅？我也算是一个对工作相当投入的人，但似乎在工作中无论取得何种突破和完成何种任务都从没有这么愉悦过。后来稍加思索终于找到原因：上午成功预约师傅来家里维修咖啡机，下午没多久搁置多时的咖啡机顺利修好了！这大概是两年多前的事情。如今，咖啡机运行良好，一切正常。看来，在我心中咖啡机要比工作及其成绩重要得多，份量也重得多。

我喜欢咖啡，但不上瘾，可随时及长时间不喝。然而不喝与不能喝是两回事。咖啡机修好了，这意味着：随时随地，只要愿意，都可以喝。心中一块大石终于放下。不过无论如何必须承认，此事说明咖啡在我的生活中是多么重要。

为何会喜欢咖啡呢？如果回答说是因为喜欢，未免有点敷衍且过于没趣。我只能说：那是一个自然而然的发现的过程，通常不会是单一的简单答案。在我而言，咖啡的赏心悦目是从第一杯的香浓开始的，之后便是富有趣味及意义的追寻过程，它的最基本面在于普通的日常生活，同时涉及多方面，那是一种内在的生活感受。

闲来偶尔阅读咖啡的记载，有日读到一位18世纪英国作家的咖啡描述，说当时饮用茶和咖啡在英格兰已经变得非常普遍，许多人基本上不再喝烈性的酒，因为他们知道"保持安静和清醒对一个人而言具有莫大的价值"。阅读至此，我不禁为之一震，拍案叫好。

看似简单的一句话，实在道出了我似有所感却未能道出的对咖啡喜爱的重要原因。

让生命保持安静和清醒的状态，英格兰人300年前已经认识到这一人生态度的巨大价值，怪不得无论咖啡文化如何演变，咖啡馆在那个国度始终长盛不衰。

这里并非拒斥酒类。相反，我认为喝酒时偶尔微醉的状态也是相当惬意的，酒神在那一刻让我们获得一种对世事模糊虚幻的超然。我欣赏这种颇有至情至性感觉的状态。

但相比之下，我还是更喜欢咖啡的精神。那是一种理性的浪漫、清醒的虚幻。唯有理性和清醒的状态能够更清晰地显出真我，立足生活本身。也只有在这种状态下才能够准确把握生活的艺术，真切地欣赏生活的幽微之美，进而达到或者接近对现实的真实而持久的超越。

而在实际生活中，喜欢咖啡并没有那么复杂——那就是喜欢作为一种饮料的咖啡味道，进而喜欢作为它的文化的那种东西；那就是在生活的某个时刻自制一杯或者到咖啡馆喝上一杯，可能已经成为一种习惯，我们选择它也或被它不知不觉地改变。

不时听到有人评价喝咖啡者"很小资"。通常那是一种欣赏的赞誉，或是朋友间调侃的溢美之词。这里所说的小资等同于浪漫，也相当于"很文艺"，喻指那些追求内心体验与生活品位的人。但是以小资一词形容喝咖啡者，实在是极不准确的误用，至少是理解偏差。

咖啡和咖啡馆是日常生活的一个部分。正如咖啡馆文化传统形成以来的情形那样，咖啡馆从来就是来自社会各阶层的民众公共聚会之地，尽管不同的人或有各自的咖啡馆，但显然喜欢咖啡绝不是哪个特定人群的专利。今日包括中国大陆的情形更是如此，咖啡馆已然是生活的处所。在实际观察中我们可以看到，今日前往咖啡馆的，除了所谓小资，更多的是各种各样并不那么小资但喜欢咖啡的人。喜欢咖啡和去咖啡馆，与小资不小资完全没有关联。咖啡馆是几乎所有类型的人都会去的地方。

倒是"小资"一词的运用很有些问题。结合现实生活的观察，以我的看法，所谓小资，它的真实含义是指那些故作姿态、虚假粗陋、自命不凡的事物，那是一种矫情的恶俗。查阅某中文搜索引擎所定义的小资，更是一种以金钱、装扮为符号标志的恶俗称谓，而真正追求内心体验与生活品位的人是不以金钱和装扮为符号标志的。以小资这样一个矫情的概念来指称喝咖啡者，实在是莫大的词语误用。

当然，人们不求甚解或者因约定俗成而乐于使用与接受，那是另当别论。在咖啡馆，偶然时候也会看到像小资这样的人与事，就如同在其他场合所见。他们似乎喜欢在咖啡馆出没，但咖啡馆会包容并最终调整这些东西。

18世纪早期，英国散文家约瑟夫·艾迪生和爱尔兰散文家理查德·斯蒂尔合作，先后创办了两份极具影响力的杂志《闲谈者》和《旁观者》，他们宣称刊物的目的是揭露生活中的虚假内容，废除巧言令色、虚荣自负和装模作样，倡导一种简约风格。两人都将咖啡馆作为其优雅哲学的核心象征物，大多选择咖啡馆作为他们犀利的写作内容的场景。确实，在咖啡馆里不仅有举止得体、行为大方的绅士，也有行为诡异、举止难料的怪人。咖啡馆的优势在于它是所有人都可以利用的社交场所。正是这样的时尚之地，使它不仅聚集了种种优雅的事物，也聚集了各种愚蠢的东西，包括许多幼稚肤浅、过分矫饰的谈话及行为方式。然而咖啡馆另一更大优势在于，它能够让人们在彼此包容、相互约束的平等交往中互相学习借镜而改变个人行为，甚至完成某种自我塑造。《闲谈者》和《旁观者》描述了这一切并且推动了这一进程。斯蒂尔认为咖啡馆是学习生活的地方,"每一个在这里的人都可以学会普通而平凡的生活"(马克曼·艾利斯《咖啡馆的文化史》)。

今日的咖啡馆有了很大的变化,但它作为生活之所的功能依然未变。这是一个所有人生活的地方。偶有小资出没也很正常,他们也将会在这里"学会普通而平凡的生活",平实而不再矫饰。

最近在尝试制作手冲咖啡,希望将来有更多闲暇能够时常喝上这种更精致的风味呈现得更完整的咖啡。我在网上购买了滤杯和手冲壶,然后选择较新鲜的中度烘焙的哥伦比亚豆,自行研磨,居然冲煮出虽未合格但自觉还有点口感的咖啡。当然可供偷懒的自动咖啡机仍会使用,估计还会继续作为我的咖啡制作的主力,但是手冲咖啡连同以往曾经使用过的种种制作方法,今后将会发挥更多作用。

咖啡是饮料中的一种,如同酒类、茶类。喜欢咖啡如此简单,那就是喜欢作为一种饮料的咖啡味道,进而喜欢作为它的文化的那种东西,有些许惬意,有些许浪漫。

哦,咖啡!

第三部分　城市生活

后　街

后街，是什么？顾名思义，就是后面的街。多年前一个著名歌手组合"后街男孩"的名称，让我关注到了"后街"的概念。这与音乐无关，所涉是城中某种环境场所。

我的后街又是什么呢？那是几条窄窄的小巷，以及小巷所通达的一条弯曲的马路。以前我没有后街，因我本身就在后街中。如今，我的后街是我生活必不可少的一个部分。从住所大院的后门出来，是一条静静的有老榕树荫蔽的南北向麻石小巷。在前面岔口穿过右边更窄的巷道，转入东西向的另一条内街，此处热闹多了。

"哎，买菜吧。"一位常年在此摆小菜摊的阿婶与我们打招呼。"今天的菜好靓啊。"

"不了，昨天买的还没吃完呢。"

"这菜很新鲜，才到不久的。"

"谢谢了！"我把话题扭转："吃晚饭没有啊？"

"还没啦，"阿婶是我们的街坊，家就在我们刚刚路过的巷道旁。"干这个，哪有这么早吃晚饭的？"

"也是。不过还是尽量不要太晚的好。"说着，我们走过了阿婶的小菜摊。

这条古老的小巷充满人气。小巷两侧尽是店铺：小型超市、杂货店、小食店、鲜肉档、水果铺、烟酒行，以及服装店、鲜花店、西饼屋……日常所需，应有尽有。店主及顾客大多是脸熟的街坊，即使稍有陌生的，也多是附近一带的住客。一间专卖药膳汤料的小店，店主就是户主，打开家门做生意，往来不外乎前巷后坊。东西堆在那里，挑拣搭配任君自便，买卖做得随意，光顾者自然不少。店铺之间，行人络绎不绝。近年街中还出现许多中东人、欧洲人面孔，他们一脸轻松一式休闲打扮，在那讨价还价，光顾小食。看得出当中许多人与街坊们还混得挺熟。

前段，街中一间鲜果店开张，店主将宽大的铺面装修得分外亮堂，货架也大气，各式新鲜水果堆叠得满满的，色彩鲜艳果香诱人，而且以动感音乐渲染开张优惠。一时间顾客汹涌，似乎打破了街中原有几间水果店的平衡。然而，浪潮退去后，平衡又再出现。一度紧张的老店顶住了最初的冲击，关于新店将会垄断街中水果生意的担心，证实只是一场虚惊。如今漫步街中，看到的是新、旧店各做各的生意，各有各的顾客。

咦！几位年轻人围坐在街边一间烟茶店前喝茶，一个青花茶壶，几个小小的茶杯，就这样浅斟慢酌。其中一位相熟的与我打招呼，笑容可掬。这家伙挺帅气，大约两年前结的婚，如今初为人父，今晚大概是与老友们分享当中的快乐与痛苦吧。

清茶一杯说人生，伙计们，为人父亲可不容易。街头茶聚既简约又有雅兴，我不想影响他们的谈话，匆匆打个招呼就走过去了。

"喂，你好！"忽然有人从旁拍拍我的臂膀。扭头一看原来是街口美发店的师傅。

"你好！"我回应道。

"那天在电视上看到你啦！"美发师傅凑前来有点兴奋地说。"当时我就认出来了——这不就是我的客人？"

我极偶然才上的电视，接受一个访谈，没想也给此君看到了。以往时常找他理发,但他顾客多,不容易轮得上。这不,此刻他正和另一位师傅一起溜出来喘口气。

街上是静静的。这时候,我看到前面一间西饼屋透出的橘红色灯光。那景致在我看来,有如毕加索那幅《夜晚的咖啡座》,色彩多么艳丽。从高大的玻璃窗可以看到店中热闹的景象,咖啡座上有人静静品饮,杯中或许是摩卡,或许是拿铁……

刚从家中出来时,街角还染着夕阳,返家时,只见灯光闪烁街景幽明。街中所有一切,多么恬淡自如,多么率性随意,多么自然而然。最重要的是,多么亲切真实——这就是我的后街。

忽然想到一个问题:既有后街,大概应有前街吧。自笑想出如此笨拙无趣的问题。但我确实是这样想的。在我而言,前街就是办公大楼前面一条宽阔壮观的通衢大道。那大楼以铝合金和钢玻璃搭配的变化复杂的几何形体,构建了一个具有技术与结构之美的外立面空间。那大街则是南北向八车道设计,每日车水马龙川流不息。沿街还有五星级酒店、豪华食肆及展览中心等。而我,就居于前街与后街之间。

关于街的前与后,或有更多诠释:前街是工作,后街是生活;前街职业拼搏,后街品尝生活;前街富丽堂皇,后街市井世俗;前街是宏大叙事,后街是细碎现实;前街是虚幻生涯,后街是实在人生……

在这个城市,后街的概念早已有之。只是不知道,很久以前后街意指什么,那时的后街是怎样一个空间。此刻,我想起一首古老歌谣——那是记忆中的粤语摇篮曲:

　　嗳姑乖,

　　嗳姑乖,

　　嗳大姑仔嫁后街。

> 后街又有鲜鱼鲜肉卖，
> 又有鲜花戴，
> ……

  此曲通常唱得缥缈幽远，一丝世俗关怀。你的后街又在哪里呢？未必每人都有居所的物质后街，但你能否说：我心深处宁静的一角，就是我的后街。

在这窗口俯瞰街景

感受和观察城市的方式很多，角度也很多。这一点城中每个人都一样。明天就是春节长假了，心情稍放松。中午下班后，跑到北京路与中山路交界处的真功夫快餐店吃午饭。这是我的一个好去处。我喜欢在这里独自一人坐在靠窗的位置上，吃着热气腾腾的简单快餐，看街道的建筑景观，看街上人来人往熙熙攘攘。这种感觉很不错。

餐厅内或许很安静，或许很嘈杂，但当你用心投入到窗外街景时，这些基本不会对你有太大影响。此刻，我看到了北京路步行街最繁华路段的入口处。俯视的角度令整个景观一览无余。入口处西侧街角是五层高的CEMIR大楼，带有骑楼元素的现代风格，那是2010年广州亚运会前建成的。赭石色的石材饰面镌刻着介绍街道历史文化的文字。其中"北京路"几个大字格外醒目，出自时年88岁老人、前广东省政协主席吴南生先生手笔。整幢建筑可谓精致。东侧街角是与之对称的名为广百股份GBF的同类楼房。它的北立面更多使用玻璃材料，细部的造型更能显示光影效果。

这里可以看到入口后面的部分街道。浓密的细叶榕路树遮挡住了沿街那些4至5层高的建筑，街面中间盖有钢化玻璃的"千年古道"则隐约可见一角。这个古道遗迹直观可视，显示出街道历史的悠久。古道遗迹东侧是百年老屋联合书店大楼，但我只能远远眺望书店前面的密集行人。

噢，行人！街道上最重要的因素是人，最有趣的也是人。视线所及之处，人头攒动，车水马龙，熙来攘往。步行街入口处及街内，更尽是行人。最壮观的是交通灯催促下人潮汹涌越过马路的一幕。当中偶见一些提前起步者，或黄灯已闪动时匆匆跑过马路的后来者。此都市特有景致，在这里则每日以宏大的规模长演不衰。纷杂的景象中，还可以发现一些细节：不断有人在街道入口的花坛前拍照留影，此处是能够将百年老建筑财厅大楼的穹窿顶和仿罗马柱式大门摄入景中的；也总有人在"千年古道"遗迹前俯视观览，此处可以看到这条老城中心街道一千年前的路面。还有，街上不时有人神秘兮兮地向行人兜售各种"名牌"货品，看起来还能够时有斩获……这街头百态正是简·雅各布斯所说的"街道上的芭蕾"及其即兴演出。俯瞰所见景象，实在是万象都市的动感一角。

我看到的是一个街区肌理基本未变且充满固有建筑的城市空间，一个真实的有历史感的空间。至少在一千多年前，已经有人在这样一个空间穿梭。只是，那时街上铺的是简陋的条石，那些条石也并不怎么规整。街上建有清海楼，石头基座上筑双阙，宋时改为双门，此楼经历多次毁坏与重建后，明代始称拱北楼，直至最终消失。那些街面条石和这双门之楼，都留下了至今清晰可见的实物遗迹。今日沿街两侧的建筑，大多是至少有数十或近百年历史的旧式楼房。与之相邻的大街小巷如昌兴街、仙湖街、高第街、西湖路、惠福路等，格局依旧。

我看到的又是多元混合的变动的现实空间，一个现代城市的不确定的杂萃空间。景观中有许多模拟的造型和突显的线条，带有些许现代主义风格味道。巨大的广告牌将那些低矮的无风格建筑遮掩住了，后面广百大厦的宏伟身影则巍然挺立。入口处CEMIR大楼整体就如同北京路的大招牌,它的风格既传统又现代,恰切地成为今日北京路一个复杂的多元混合符号,一个空间标志。如此种种,或许就是传统北京路历史性地呈现的现代及后现代景观。

这样观察和阅读城市街区空间,多么复杂和有趣。此刻俯瞰,并非艰辛考察,倒有点类似波德莱尔或本雅明笔下那种都市闲逛者式的"热情洋溢的目击"。在这里,我只是感到某种变化与静止的相对。我们的城市与街道很少成为现代艺术作品的对象。且不说像Custave Caillebotte的绘画《雨天的巴黎街道》那样当然地把城市作为艺术的现实,像《罗马假日》那样将罗马城作为故事场景整个地搬上银幕,就连像香港电影那样将永乐街景和天水围街景片断地呈现于观众的也不多。但总有闲逛者留意我们的街道。"他们就出现在潮涨潮落之时,就行动在不可捉摸的事件之中",他们从中获得最大的快乐。尤其城市处于急剧变化时,这种目击最具意义。

生活如此匆忙,平时少有机会停下来欣赏自己熟悉的街道。那些沿街建筑的细部,那些摩肩接踵的行人……你曾留意吗?许多街景早就烙印于我们心中。只是平时不曾意识到它对于我们原来如此美好及重要。这个窗口真不错——长型餐桌紧贴着的带有窗帘的高大窗口——这种城市当中无处不有的普通地方。

消失的街头咖啡座

回家前在后街绿叶居西饼屋买明天的早餐。顺便与店员闲聊,问店门口前原来设置的两张小圆桌,怎么又收起来了,回答说是城管干预了,不同意摆放。实在无奈,一道优雅的城市街道风景就这样消失了。

当上星期这道风景刚刚出现时,我是多么雀跃。绿叶居西饼屋沿街的落地玻璃透出暖暖的橘黄色灯光,窗内一溜座椅上散坐着正在喝咖啡闲聊的人,屋前露天过道上摆了两圈藤座椅,几位阿拉伯人在轻轻交谈。几缕咖啡香在空中飘荡。这时我想起了梵高著名的油画《夜晚的咖啡座》。城市需要这样的风景,或者说,这样的风景属于好的城市。

城市的街区应该是多样化且充满生活气息的。如果你看到在整洁的街道上,建筑适度密集,空间充足且又相对紧凑,其间充满了人的活动:过路的、闲逛的、购物的;或者在路边书报亭前浏览,或者光顾街头小吃,或者与熟人聊天;几位路人屋前围观一场象棋对弈,两三好友在街头咖啡座小聚……置身于这样的街区,你会觉得多么安全、多么轻松且多么亲切。

这样的街区是属于步行者的。漫步其间,你可以根据需要选择任何步速,或者旁若无人匆匆而过,或者左顾右盼慢步而行，又或者走走停停心无挂碍。汽车会为你让路，因为这样的街区所建立的秩序是步行者的秩序，这里的交通主要是步行者的交通，安全总不成问题。当然，当你无比兴奋地欣赏眼前的优美街景时，你也要慷慨地成为别人的风景，观看别人的同时也要让别人观看你。

在这条街道上，有许多面孔是熟悉的，更有许多面孔是陌生的。当中不仅有五湖四海的外乡客，也有越来越多的异国他邦者。在人行道，在街角，在屋檐下，在街区各处，陌生人的活动与你同样自如，他们俨然成为街区的当然一员。从街区的人群中，你或许还可分辨出局外人、闲逛者、他者、旁观者，以及特立独行的孤独者……这些正是都会的特征。不是都会的全部，而是都会的最本质所在。

在我住处的后街，即由盘福路、盘福大街、双井街、医国街等构成的我称之为盘福后街的老街窄巷，似乎正在逐渐形成这样的都市街区。我之所以越来越喜欢盘福后街，就是因为这里建筑适度密集，空间紧凑，充满人的活动，多样化且充满生活气息。这些元素构成日渐优美的街景。但是这里仍然很初步，粗糙的元素仍然无处不在。如今遗憾的是，一道优雅的街景——绿叶居西饼屋前的街头露天咖啡座，它刚刚出现就迅速消失了。它只是一个曾经出现过的街头小景。

好在盘福后街还有甜心狗城市咖啡吧、"一间"日本料理新概念餐厅和华茂咖啡座；还有利口福面包店、鲩鱼仔餐厅、越秀渔村和新泰乐黄鳝世家；还有倾城酒店、OK便利店、盘福士多店和"玲又珑"粥粉店；还有街中的蔬果集市、临街小店以及这间绿叶居西饼屋本身。街区的优雅与生活的品质还在。为什么我们不能容忍街头咖啡座呢？是城管们奉命而行必须扫荡这些有碍城市整洁与景色的杂物，还是我们不太欣赏所谓咖啡文化和城市街景之美？抑或另有内情，需要店家去疏通？这些就不得而知了。

此刻，我只希望不久的夜晚在风中漫步后街时，又再重逢这个优美的街景——绿叶居西饼屋前的街头咖啡座。

往事总在缥缈中
——在黄埔古港寻觅"中国皇后号"陈迹

日前,"中国皇后号"首航广州230周年纪念活动在黄埔古港举行。因为这则新闻,今天借休假日特地前往城东,追寻这艘开启中美两国直接贸易的"阿峨大舶"的岁月陈迹,感受古港余绪犹存的历史氤氲。

230年前,在欧美海洋贸易竞争中饱受英国堵截之苦的美国人,竭力寻找新的海上贸易通道。以金融家罗伯特·莫里斯为首的几位费城、纽约商人,集资购置了一艘载重360吨、命名为"中国皇后号"的商船,聘请约翰·格林为船长、山茂召为商务代理,于1784年2月22日从纽约港启程,开始了它的首航之旅。

"中国皇后号"运载着473担西洋参、316担棉花、26担胡椒、476担生铅、1270匹羽纱、2600张毛皮,以及柏油、松脂等总值13644两白银的货物,向东横渡大西洋,向南绕过好望角进入印度洋,又向北穿越巽他海峡……这艘满载着美国人的希望与梦想的商船,历时188天,终于在1784年8月28日出现在黄埔港的海平线上。

他们没有想到,在完全中国化的海关机构里办完交纳船钞等关税手续后,船上货物运往广州城内销售,居然卖出了136454两的好价钱,为原来价值的10倍。整个船队倍感振奋。于是,他们在广州采购了茶叶(包括大量红茶和少量绿茶）、南京土布、瓷器、丝织品、肉桂等，装满了回程的船舱，于当年12月28日起锚回国。

首航中国的巨大成功，在美国掀起了"中国热"，激发了美国商人与中国通商的强烈愿望与信心。由此，黄埔港内的"花旗船"越来越多，据统计从1784年至1833年，美国商船来华共1166艘，平均每年达23艘。

在"地理大发现"中，对于东方社会和财富的丰富想象，成为西方远航者登陆黄埔港的重要动力。早在1757年清朝实行广州一口通商之前的70多年间，欧美各国商船到达黄埔港的数量，就占了全国到达总量的近90%。清朝前期，继明末时葡萄牙、西班牙和荷兰等早期登陆者之后，英国、美国、法国等接踵而来，其他几乎所有欧洲海洋国家也相继而至。

这已是230年前及更早之前的陈迹了。

那时的黄埔港区包括从酱园码头往北至新洲、长洲一带的半圆弧形水域。这里海阔水深，东、西、北三面有丘陵山地和台地围绕，还有长洲岛为屏，港内因此风平浪静。四周江岸是茂密的树林，长满古老的榕树、樟树和大量的荔枝树、柑橘树及各类灌木。码头附近有旌旗轻扬、飞檐古雅的粤海关，更有高高矗立的"海望标志"琶洲塔。这东方亚热带海港的特有景致，加上港湾内鱼贯而至、繁忙穿梭、色彩缤纷的中外商船，构成了一幅动人心魄的奇景。这是曾经令许多远航者深感慰藉的梦幻般的图景。

如今，徜徉于黄埔古港码头所在的琶洲石基村，入眼所见是一派古朴散淡的旧村景色，似难领略想象中的古港遗风。尤其是，百年沧桑，当年宽阔的深水港湾，今日变成了黄埔涌边一弯小河塘，浅窄的水岸，泊着几叶农家小艇。不远处有厂房、仓库、集市。倒是北边岸上的古港牌坊、粤海第一关纪念馆以及附近古港公园中的雕塑等，提醒人们留意此地的历史，保留了此地曾经辉煌的记忆。尽管这些复制的建筑和简单的雕塑相当粗糙，缺乏历史感和艺术性。

　　沿新港东路至新港西路返回市区途中，我看到了规模宏大的广州国际会展中心建筑群，这个全亚洲最大的会展中心，以"珠江来风"为设计构思，以"飘"为建筑构形的个性，象征珠江暖风吹过大地，使世界贸易的盛会飘落于此。途经珠江新城时，又看到矗立于超高建筑群中的新海关的巨大钟楼。由此我还联想到南沙港。我想，黄埔古港已然衰落，成为历史，但这座城市的商业传统与贸易精神依然存在，它与世界的联系，超过了以往任何时期。

　　具体的事物总是递嬗不居的和易逝的，只有本质与精神恒久存在。当我们踏足这个古港时，一切已经归于宁静。还有谁能细说这里发生的丰富而动人的故事呢？无论是"中国皇后号"还是"哥德堡号"，都只是这些故事的一鳞半爪，朦胧而缥缈。

　　往事总在缥缈中。

恒大就是一出跌宕起伏的戏剧
——速写于8月27日天河大战前夕

恒大足球之所以吸引我,是因为球队成长及征战史上那种出人意料的巨大而彻底的戏剧性,像足了我们所曾见过的跌宕起伏的社会人生。

你看——

球队组建之初,正在中超联赛苦苦征战,忽然却因前身的问题遭遇必须的降级,而球队居然能够在降级后的首个赛季就打回中超并且夺冠,实在一时无两。

2012年首次冲击亚冠,气势如虹,却在小组赛最后一轮折戟沉沙。次年卷土重来,过关斩将,笑至最后,首夺国人期盼的亚洲杯。不过胜利来之不易,有时也跌跌撞撞,还留下对首尔FC的未胜史,对韩国队的成绩并不理想,让人未敢笑得特别开怀。

但这一切无阻恒大的前进步伐。就在夺得2013年亚洲俱乐部杯之前,恒大在中超也成功卫冕。恒大在短短时间内走上了一个辉煌的高峰,不仅在中超联赛傲视群雄实现三连冠,在世界足坛上也光芒四射备受推崇。

你看——

铁帅李章洙将恒大推上了中超联赛冠军,并且率队征战亚冠节节胜利,然而等待他的居然是解约,他还未来得及与爱将尽兴地庆祝胜利就黯然离去,世界冠军教头里皮接过了帅印,继续将恒大引领向前。一个巨大事业背后,裹藏着多少委屈、痛苦、欢乐和概叹啊!于是,恒大继续前进!

南美三叉戟摧枯拉朽所向披靡,这个令人颤栗的惊人神话似乎象征着不可阻挡的攻势,但是从英俊的克莱奥离去开始,到巴里奥斯、孔卡、穆里奇,他们的音容笑貌,他们在球场上的英姿,以及他们的中国生活的种种故事,成为万千球迷的记忆。可以肯定的是,对于他们来说,在中国的足球生涯和生活经历,同样是难忘的。生活就是一场漂泊,足球场和恒大队也为我们充分展示和诠释了这一人生真实。

你看——

当某一场对阵保级球队的被认为必胜的比赛展开时,往往令人哑口无言。这支恒大队,即使在最辉煌的时期,也不止一次令人意想不到地完败于弱旅。就在今年,长春亚泰毫不留情地双杀恒大,再次上演了以弱胜强的一幕,恒大球迷痛苦时,亚泰球迷则开心到了极点。

当我们期待已久的新内援和新外援终于到来,这些内援和外援既带给我们欢乐,也时常让人失望,极高的期待,往往会跌至极低的谷底。奇怪的是,当我们将要彻底失望时,忽然间,他们又起死回生,带给我们意外惊喜,让我们重燃希望!如同生活一样,希望和绝望,都是虚妄的。

里皮无疑已是中国足坛的巨星偶像,他的到来,他的一切表现,带给中国足球许多改变,也征服了无数球迷。他风度翩翩,他运筹帷幄,他习惯胜利,他就是胜利的保证。他的调整必定有效,他的下半场惹不起,这似乎成为铁律。一个意大利老人,在中国广州生活得也很愉快。他与恒大续约三年,继续带领广州恒大走向新的辉煌。然而,逐渐地,他也碰到难题了,事情悄悄发生变化。不知什么时候起,成为众矢之的的广州恒大,锐气似乎弱了,它的下半场也不再惹不起。里皮,他的眼神也有了某种茫然……

这就是恒大的戏剧,如同生活的戏剧;这就是恒大的跌宕起伏,如同生活的跌宕起伏!我们观看一场恒大的比赛聆听一段恒大的故事,就如同观看一场生活的比赛聆听一段生活的故事。

就在广州恒大2014年亚冠卫冕进入最艰难的时刻,这个恒大戏剧,又进入了高潮——许家印和马云宣布今晚之战无论输赢重奖2000万元!马云说,只希望球员像男人一样去战斗。这实在是临战前的关键时刻的重大激励,时机恰到好处。其效果就像当年的重奖,和进入2014年后的取消重奖。今晚之战,无论胜负如何,注定是又一个高潮!作为中国足球和广州恒大的支持者,固然强烈希望恒大获胜,继续卫冕之旅,但同时,就恒大已经让我们欣赏到了一场持续数年的跌宕起伏的精彩戏剧而言,再加上这戏剧将继续上演,继续跌宕起伏,就已经足够了。因为,它让我们从中看到了人生的无尽可能和生活的无限精彩,这与输赢无关。

第三部分　城市生活

2012年最后一日的广州是寒冷的

　　2012年最后一日，广州天气格外晴朗，空中没有一丝云彩。清早与家人登越秀山，在镇海楼前俯瞰这座城市，接着漫步于古城墙下，又在百步梯上欣赏阳光照射在"古之楚庭"牌坊上的灵动光影。晚上还要前往天河体育场参加跨年歌会，迎接新年到来。届时数万人的歌乐之声，势必如海浪般直冲碧澄如洗的天际。

　　然而这一天是寒冷的。近日寒流来袭大幅降温，前晚更是狂风冷雨横扫羊城，之后雨收了，干燥的北风带来全年最后的寒冷。但对我来说，这寒冷具有另一寓意，它让我铭记这一年，铭记与父亲最后相处的日与夜。

一

　　父亲近年身体明显虚弱。此前他坚决不答应多雇请一个保姆24小时照看他，更不让我们陪夜，如今被迫妥协了。年初某晚上保姆临时请假由我回来照看。近10点忙完所有事情后，安顿父亲睡下。

　　我盖上小毯子和外衣，在客厅沙发上将就着睡。多年没在这老屋过夜，夜静中听着周遭曾经熟悉的声音，包括门外隐约的大楼铁闸开关声、夜归者或早行人在楼梯间的脚步声、嘀嘀哒哒的钟声、雨水声和猫叫声,半睡半醒,迷迷糊糊。父亲起来多次,每次我都第一时间醒来,给他披上薄棉衣并搀扶他。近凌晨2点父亲又起来了,要吃催眠药。给他倒开水,突然发现这是不久前令他无精打采的那个药,于是坚决制止。无奈父亲比我更坚决:

"不吃这药,睡不着很辛苦。"

"这药不好。"我也毫不含糊,"它对你的状态是有害的,不要吃它。"

"一定要吃。"父亲语气有点激动,很固执。

没办法,我只好自我安慰:偶尔吃一点,不吃太多不连续吃,应该没有问题吧。结果父亲把这药吃了。可能真靠着这药,父亲能够入睡了。

夜半雨声伴着,有点冷,在沙发上辗转反侧,睡一会儿醒一会儿。约5点多,父亲又起来了,我照例速起给他披衣,扶他到洗手间,然后在半掩的门外等着。父亲出来时平淡却关切地问:

"你一夜没睡吗?"

"不是。"我不希望父亲因为我没睡好而不安。"我是听到声音才醒来的。"

扶父亲到床上,给他装好吸氧机,盖好被。朦朦胧胧再睡会儿。看着时钟从6点走到7点多,披衣看门外,天色已微亮。地上有雨痕,那是昨夜的雨留下的。略为收拾准备出门上班,轻推房门看看父亲。谁知他已早醒,似乎听到我在外面的所有动静,问:"上班吗?"我说:"是的,7点多了。"我请父亲务必等到负责白天工作的保姆来了再起床,保姆约8点就会到的,父亲答应了。

二

初春一个周末,与妻子阿婵回家与父亲共进晚餐。父亲平时话语不多。和往常一样,无论餐前餐后,尽量找话题与他聊天。这晚父亲似乎颇有谈兴,从叔伯往事、旧日生活到身体调理等,都有许多话语且情绪颇高。特别是阿婵说起股市时,他兴致尤高,每当说到他的股票,更是面露笑容甚至眉飞色舞。

当然在谈话中要注意尽量不要触动那些可能引起伤感的事情。不久前一次闲聊,说到回乡下参加乡亲新屋入伙,父亲很有兴致进而很动情,忆及往事与亲人。他说过去家里贫穷,还说及许多心中愧疚之事,包括未能给妻子买一张梳妆台、少时调皮与辛苦照顾自己的伯娘沟通不够及对父亲孝敬不够等,说着就流泪了。我连忙安慰说,父亲您已经做得很好,您为家庭全力以赴,与母亲一起辛苦养育我们兄弟姐妹。几番安慰劝说后他的情绪才逐渐平复。因此如今即使说的是轻松话题,也小心翼翼了。

继续愉快的话题,更多是关于健康。我建议父亲多喝水、多休息、少写字。我还说其实父亲的身体关键是要恢复体质增加体重。这既是我的想法也带有鼓励性质。他不断点头,照单全收。我想,大概父亲对自己身体状况是心中有数的,他心里或许在嘀咕:"哈!你这家伙还学着来鼓励我啦?"

确实,父亲平时多是寂静少言。像这样有较多话语的时候并不太多。记得有次在家,同样寂静少言。忽然父亲平淡地问我的书出版没有,我说正在赶写新增的"黄花岗"与"中山大学校园"两篇小文。稍后,他一声不响从房间把他多年前所写《黄花岗记》一书找出来给我。我很感动。这是父亲的表达方式。我喜欢与父亲相处的那种不时会有的热烈,同样喜欢那些寂静少言的平淡。

三

6月中旬,父亲住院了。之后情况不断恶化。

26日那天,情况很糟糕。确认治疗方案后,医生全力救治。首先要到一楼作螺旋CT检查。转运途中,父亲身体机能急剧衰竭,呼吸微弱,脸色发白,两眼眯得只剩一条缝,身体和双手剧烈抖动。他的眼里时常露出无助的神情。我内心有点慌乱,但仍极力镇静地和妹妹及妹夫一起安慰他,不时抚摸他的额头、面部和胸口。忽然他的头部和双手唰的瘫软下来,只剩一丝呼吸。然而医生多么镇静和勇敢!还有果断!他们争分夺秒,忙而不乱,配合默契。在最危急关头,主治医生当机立断给父亲按压胸部,做人工呼吸。

"赶快!赶快上机检查!不然就来不及了!"主治医生一边发出指令一边迅速就位。其他医生迅速敏捷地操作设备。我被允许独自留在CT机房协助检查。我双手握住父亲的双手,让其不要跌出运行中的床外面,以免被运动着的仪器碰撞扭伤。

"请忍住,暂停呼吸。"忽然听到不知从哪里传出的声音。于是忍住呼吸。此时我的双手和身体随着父亲躺着的床子的移动而前后移动。看着父亲在微弱地喘气,眼睛已眯成一条窄缝,心里充满惊恐与辛酸。

不一会儿检查完成。门打开,医生跑进来抢救,我被请了出去。门关上,里面正在抢救,几个人在外面急等。不时靠近门前听听里面的情况。听到人声、物件碰撞声以及一些分辨不清的声音。我推开旁边房间一扇门,没人阻拦,就进去了。从观察窗看到在抢救中的父亲,医生往父亲嘴里塞进一个可能用于呼吸的管子。父亲嘴巴在动,我不懂医学,但觉得这是好现象。然后又被医生请出去,在外面继续等候。

"抢救过来了！"一位医生走出来，告诉我们这个好消息。很难形容听到这个消息时的感觉。原先已几乎绝望，又带着一点希望，现在希望被确认了。深深松了一口气。

还在昏迷状态的父亲被推出来了。兄弟姐妹陆续赶到。稍后，父亲慢慢睁开双眼，就这样闯过一关！晚上，我们围在父亲床前。他已经稳定，很不满意双手被固定。儿孙们的到来让他感到高兴和安慰。我们把显示指标正常的读数读给他听，他不时点头。这时，床前的灯光那样明亮，那样温柔。父亲看着我们，他的脸是平静而又温润的。

但是这个小小的胜利并未能遏止他病情的恶化。20多天之后，父亲永远离开了我们。那是一个酷热的黄昏，我记得西边一抹残阳投射在病房窗台上的情景。

2012年最后一日，广州是寒冷的。此刻站在越秀山百步梯上，想起父亲少时曾在山脚下的市立一中读书，每日必登百步梯。这里印有他的少年足印。他74岁那年写过一组《浣溪沙》词，当中第一阕就有百步梯的描述：

负笈朝朝百步阴，课堂筑向杏花深，茅檐板壁倚青林。

烽火万山从此去，髫年一梦倩谁寻，苍崖鸟啭到而今。

后 街
日志中的城市
第四部分

城市阅读及其他

茫然，却美好
——杂说我的书房

每当想到我的书房，总有一种愉悦感，同时又有一种烦躁焦虑感。而且烦躁焦虑感时常占据上风，几乎让愉悦感抵消殆尽。主要原因是，书房逼仄窄小，而书却在无节制地增长。尽管近年购书已有所减少，但书已经堆得满满。整个书房似已成为一个累赘。一直想要采取决定性的措施，却因懒惰和心软，始终未有行动，累赘也就越积越重。

重要的是，书积得多了，难免有所比较，由此时常面临选择：读这本还是读那本，谁先谁后？随着时间推移，甚至还有这种情形，某本书似乎不错，心里却在想：你能够或愿意为它耗费更多的时间吗？本已窄小的空间却充斥着许多难以选择亟待处理的东西，这就是烦躁焦虑感的根源。

书房不大，仅约10平方米（我实在难以腾出更多地方来建造一个大的书房，也不会挤掉家中其他空间而勉强把书房做大）。然而这小书房对我来说却是一个海洋——令我心怀敬畏、望而生畏及茫然无措的海洋。多少回我坐在书桌前，盯着一排排的书，某种无形的压迫感袭来，颇感茫然。人们或会说：这算得了什么？不说藏书家，即使是与随便一个藏书爱好者比起来，你这书房充其量只能算是个小池塘。但是，我依然顽固地认为我的书房是一个海洋。首先，它每日给我某种苍茫无际之感，那是一个永远无法遍游的另度空间。而且，以它内容之丰富及所蕴涵的神秘性来说，光是一本记录千年历史的《史记》，或是一本以无尽智慧探究人类思维的《纯粹理性批判》，能不说是个海洋吗？（说出这种牵强的话，只是为自己书房之"小"辩护。）

这是书写的海洋，情感与思想的海洋，人生无限可能的海洋。窄小空间内，紧靠墙壁相对而立的两排书架，分门别类排满了书。门边一个后来购置的书柜，也被书挤满了。那些没书架可上的书，只好放在书桌上、书架旁或靠椅上，不过摆放得也整齐，颇有视觉美感，又方便取用。书房主色调类似胡桃木色，书架造型平实中略带古典风格，垂直的构造隐约可见多立克柱式建筑的影子，做工也算精致。书籍当然以内容分类，主要是文史哲及艺术（特别是城市、建筑与绘画艺术）等等，杂七杂八，数量总计约有好几千本。

随意在某处拎起一本书，都是有趣的事。书桌左角长期放着历史学家巴尔赞所写的《从黎明到衰落——西方文化生活五百年》一书，这本厚达八百多页的书精彩纷呈，居然连作家维克多·雨果把家搬到埃图瓦勒附近一个新区的事情也有记载，又说那时巴黎的街道改用了煤气灯，全市共装了12000盏。雨果的剧作《爱尔那尼》在巴黎公演引起了轰动。这是对旧的卫道士之战，因此话剧初演那天，青年诗人泰奥菲·戈蒂埃指挥他的斗士占据剧院的重要位置，以确保演员不会被极保守的观众嘘下台。后来这个拜伦式英雄的寓言故事连续演出大获成功；书桌上还有一本《蒙帕纳斯的流亡者》，同样有趣，它详尽记录了第一次世界大战之后将近250名英美籍艺术家流亡巴黎的故事。这些作家、诗人、出版商、记者、主编们在巴黎蒙帕纳斯街区过了一、二十年平静生活之后，在第二次世界大战初期，又纷纷遗憾地离开此地，四散而去。当中有一段描述著名的莎士比亚书店的创办者希尔薇娅·毕奇小姐如何认识大文豪詹姆斯·乔伊斯的事情。假如在当时的沙龙聚会上，这个腼腆的店主没有鼓起勇气与乔伊斯打招呼，或许就不会有后来文学巨著《尤利西斯》的出版；书桌上还有堪称经典的《巴黎城记》，也是长期放置在那里的，它让我加深了关于"世上并无新鲜事"的印象。此书叙述巴黎现代性的诞生。其中关于现代观念和资本力量如何将大量外地人吸引到城市，在城中形成大片大片的聚集地，城市又如何以"创造性的破坏"在大量拆迁中重建一个新巴黎，以及在此过程中的激烈抗衡，甚至"怀旧也成为一种政治武器"，然而最终现代性的城市不可抗拒地到来，这些细节，似乎正是今日城市的镜像：所有的事情以前早已有过……有些书尽管放在书架底层带门的柜中，但我会清楚记得它们的存在。黄雨先生编著的《历代名人入粤诗选》就夹杂其中，这是购买于1981年的书，封面已有破损，书中所选第一篇作品，就是迄今可考的历代入粤名人所写最早的诗歌——东汉伏波将军马援的《武溪深》：

  滔滔武溪一何深。

  鸟飞不渡，

  兽不能临。

  嗟哉，武溪何毒淫！

  我当然也清楚，在靠背椅后面的书架上，有我多年来极欣赏的天津人民美术出版社出版的《俄罗斯巡回画派画册》，当中有希施金所画的《造船木材森林》和列维坦所画的《伏尔加河的傍晚》等震撼视觉与灵魂的无与伦比的画页。仅是想到这一点，我对生活已经心满意足。

  前面提到那本康德的《纯粹理性批判》，一直放在我桌椅旁带滑轮的小柜面上。多年来一直断断续续啃这个艰涩难懂的大部头。偶有一点领悟，即奋而忘食。坦率说这在我而言并不是必修课而只是一种趣味。我也会读阿兰·德波顿的《哲学的慰藉》，读这本书轻松多了。德波顿是一位年轻的英伦才子，他年龄比我小，但我愿意时常读他的书。我书房里还有他的《幸福的建筑》、《拥抱逝水年华》、《身份的焦虑》、《旅游的艺术》等另外几本书。书中许多篇幅与段落，会令人时常禁不住会心一笑，感叹他说出了自己意欲表达而未能如此准确深刻地表达的感觉。譬如，信手拈来，他在描述俗世的艺术如何影响我们时写道：

> 不妨设想一下能在每天的傍晚返回一个类似斯德哥尔摩以北卢镇那样的住宅的情形。我们日常生活中塞满了各式各样的会议、虚情假意的握手、闲聊与官僚主义，搞得人精神紧张、妥协退让。我们会为了争取同事的支持大讲我们并不相信的鬼话，会为了那些我们并不真正关心的东西又是红眼又是焦躁。

> 不过，当我们终于独自一人透过大厅的窗户望着屋外的花园以及渐渐四合的夜色，我们就能慢慢地重新跟更加真正的自我建立起联系，而他一直就在舞台边静候我们结束我们的表演。我们隐藏起来的爱玩儿的侧面会受到大门两侧的花卉油画的鼓励而跃跃欲试。亲切的价值会因窗帘精致的褶痕得到确认。我们对那种适度、富有同情心的幸福的兴趣会因地上铺的毫不矫饰的原木地板而得到滋养和强化。那些环绕我们的材料会向我们说起我们自己怀抱的那些最高的理想。在这样的场景中，我们就能接近一种诚实又富有生机的精神状况。我们会觉得内心得到了解放。我们终于能够——在一种深刻的意义上讲——回家了。

> ……

不但是整个房间，单独一幅画就能帮助我们重获我们自身迷失而又意义非凡的那些部分。

就拿威廉·尼克尔森一幅画为例吧，它不过细致地描述一个碗、一块白桌布和几个没剥壳的豆荚。第一眼看去，我们可能就会感到一阵黯然神伤，因为我们意识到我们距离它的那种冥想、敏感的精神，距离它表现出的那种质朴、感恩的美以及日常生活的尊贵已经何其遥远了。

读着这样的文字能不令人畅快击节吗？上述种种实在趣味盎然，且这些远不是我书房的全部，数不尽的这样的文字就静静地藏在书架上，足以让我陶醉其中。

然而，在实际生活中，每天进出书房却是另一回事。那是一种例行作业——最习以为常的阅读与写作。和这房子购置的时间一样，我在这书房桌子前已经坐了十几年，房间的环境从没有翻修过，一切已是平淡无奇。要紧的是，这书房没有空调。多年前空调坏了，要修理或更换必须搬开许多书，挪开窗台上的铁书架，嫌麻烦就宁愿弃用了。当酷热的夏季到来时，待在书房可不是一件惬意的事。此时，我会感到书桌上、窗台上甚至书架上的每一本书都是温热的，高度干燥的。只是，我居然可笑地把酷热下的写作看作是每年一度的自我挑战游戏，而且也居然在这里安然度过了每一个盛夏。总之，在我来说，夏天的书房是异常艰辛的，秋冬季的书房才是宜人的。我猜想，可能是写作的逼迫和高度的投入减轻了酷热的感觉，而且书房里的安顿感以及独处的愉悦也发生了作用。独处一室，可以不受打扰地面对自我，与本真自我真切地对话。这时的我，率性随意，真切自然，还会静静端详书房的每个细部，感受书房的环境。不过，往往就在这时，前面提到的茫然无措之感就会袭来，当中还包括这样一个发问：我这一生能够读完这些书吗？我们应读爱读而未读的书实在太多了，而我们应该或者能够挤出的时间却实在不多，人生的时间更是早有定数。这是一项很难完成的事情。想全部读完书房里的书的想法固然真实真诚，却有点幼稚及不切实际，这叫人如何不感到茫然无措呢！

　　此外，即使我不能作出鉴别，岁月也将对所有的书进行筛选。时间的推移会显露出一些书的缺陷，使其在书房里的重要地位下降，甚至失去重要性。如果不是对作为书的概念及写作的敬重，包括本文开头所提的"懒惰和心软"，其中相当部分或者早被处理了。不过，正是这种妥协的状况导致了书房不堪重负。

　　综上所述，可以说我的书房若有一分趣味，同时就有十分的困顿。问题是，你愿意为了享受这一分的趣味而忍受这十分的困顿吗？多年的事实证明我是愿意的，因为我的书房正是我的性格选择，我必须接受自我选择的结果。

　　是的，我的书房就是我的镜像，每当进入都隐约有一种邂逅自我的感觉。我的全部特点，就体现在这书房所有内容与形式的结构中。唯有我的书房会是这样，它的面积大小、风格选择、结构布局、书的内容构成、编排管理方法以及摆放的方式，全是由个人总特点包括经济状况所决定。这是一个外化的我，独一无二。这书房里，狭小的空间显然不能容纳更多的书，也分明缺少那些极具收藏价值和价位极高的"大部头"或"金版"、"绝版"之类，但这里几乎每一本书都经过挑选，且大多保管得整洁完好。这说明，我爱书，但我注定不可能成为一个藏书家，甚至不是一个藏书爱好者，充其量只是一个爱书之人。还有，在这书房，那些被认为颇有价值的各类专业实用书或工作用书，总是被我疏忽而没有放到它们应该占据的重要位置，甚至在书架上看不到踪影。它们总是很委屈地被放在角落或最后排，待到不得不写业务论文或做工作计划这类杂事时，才被东翻西找地淘出来，之后又把它们恭敬整齐地放回原处。而当眼处或重要位置上的，却是大量无用之书，譬如《哲学的故事》、《作为未来的过去》、《理解艺术》等等。这实在是我人生不识趣和不识时务的写照。

最后还要说说我的书房之美。尽管觉得累赘，我始终认为我的书房是我生活环境中最美的部分。这美感很主观，充斥着自我感觉；这美也是客观的，就存在于整个书房的内容与形式的统一中。那些设计各异、印制精美的不同书籍有机排列组合，是一个多么不可思议的精彩构图，这些书籍聚集于书架上，彰显了人源于自然又超越自然的独特美感。著名的美国图书收藏家爱德华·纽顿说过："这个世界上，最有意思的东西就是'人'，其次便是'书'。借由书籍，人们得以理解最深奥的秘密。"一个书房，深藏着世界无数深奥秘密，而每一本书的背后，也深藏着作者艰辛探索并帮助我们理解这深奥秘密的故事。这是何等高贵的美！尤其是，在真正有价值的阅读中，我们最终得以回到或者面对世界的本源和人生的根本，进而理解人生的终极价值。就此而言，庞大的图书馆和小小的书房并无区别。在我眼中，我的小小书房具有最高美感。

我深知，美好的也总是易逝的。终有一日，这个书房及其所构成的所谓书的海洋，也免不了沧海桑田之变。没有什么东西是恒久不变的，包括这间书房。遗憾！

大卫·哈维笔下的奥斯曼男爵
——读《巴黎城记》随感

在近代巴黎城市史上,乔治·欧仁·奥斯曼是一位极具争议性的人物。1853年,奥斯曼被任命为塞纳河行政长官。这位在巴黎度过美好童年的精力充沛的男爵,以拿破仑三世关于城市"最高理想"的原则重塑巴黎城市空间,他对旧巴黎进行大规模改造,推动巴黎完成剧烈的城市现代性转型,今天的巴黎正是他的遗产。关于奥斯曼"创造性的破坏",后人批评者有之,赞赏者也大有人在。而在当今国内一些城市论者中,奥斯曼则多被描述成一个斩断巴黎物质文脉的反面人物。一些权威作者及其著作,总是以貌似客观的笔法力图引导人们相信,奥斯曼是城市的摧毁者。

读大卫·哈维的《巴黎城记》,让我感受到一个真正的严肃的城市学家深刻的客观。我以为《巴黎城记》是完全可以作为城市教科书和历史地理学来阅读的巨著。大卫·哈维是当今世界最主要的批判性知识分子和当代西方马克思主义的重要代表人物之一。他著作甚丰。《巴黎城记》作为其代表作之一,探讨了1848年到1871年两次革命之间的惊人的"巴黎大改造"。当中仅是对奥斯曼本人的叙述,便足见作者极具历史感的客观精确,以及蕴含其中的思想张力,其味无穷。

城市本身就是一种空间形态。在哈维看来，城市的现代性进程是巴黎城市空间变化的总根源。他说："外在空间关系的转变，迫使巴黎必须加紧让自身的内部空间更加合理。奥斯曼在这方面的功绩，理所当然地成为现代主义都市计划的伟大传奇……奥斯曼所部署的都市空间概念无疑相当新颖。他并不是要兴建'与各地区毫无关联也毫无纽带关系的大道通衢'，相反，他希望能有一个'通盘的计划，能够周详而恰当地调和各地多样的环境'。都市空间应视为一个整体，城市各个分区与不同功能应互相支持以形成可运作的整体。这种对都市空间的持久关怀，引领奥斯曼致力于将市郊并为巴黎的一部分……新空间关系对于巴黎的经济、政治和文化影响深远，对于巴黎人的感性更是影响巨大。"

这是哈维对奥斯曼一个很基本的评价。他还表明巴黎内部空间的剧烈转变也不是全然因奥斯曼而起，这位男爵只是顺应了城市演变的某种必然进程。

奥斯曼对巴黎的改造，是一种剧烈的激变。它完全不指涉过去，就如同在白板上铭刻一样，如果发现有过去横阻其间，便将过去予以抹灭。哈维在书中对奥斯曼的"创造性的破坏"有详尽深刻的批判性的分析。他说即便与过去完全决裂是不可能的事，但决裂本身所带有的说服力与颠覆性却没有因此受到影响。"除非造成变迁的因子早就潜伏在社会秩序既有的条件中，社会秩序是不可能改变的。令人不解的是——难道不是吗？——圣西门与马克思这两位在现代性思想的万神殿中居于崇高地位的思想家，在明白否定与过去完全决裂的可能性的同时，却也坚持以革命造成变迁的重要性。虽然彼此的意见容许有不同，但至少最低限度仍有一个基本的核心共识，那就是'创造性的破坏'。俗话说，破旧立新，要创造新的社会形态，不可能不将旧的社会予以取代或销毁。因此，如果现代性是一个有意义的词汇,它就必须显示某个创造性破坏的关键时刻"。奥斯曼要在巴黎的废墟中建造一个全新的巴黎,以此告别旧的巴黎。但这并不意味着同过去决裂,它只意味着在过去的废墟中新生。

在哈维的叙述中,奥斯曼所创造的现代性,本身即深深植根于传统之中。旧巴黎长久以来就被称为病态的城市,因此奥斯曼便以外科医生的姿态出现,他运用具象化的策略将城市塑造成可以维持生活功能的活躯体。然而,如果城市的外在完全改观,灵魂将会有什么影响?这个问题在当时巴黎曾经引起广泛的讨论与争吵。哈维的书中客观反映了这一情况:"深知'破坏将带来自然愉悦'的波德莱尔,对于巴黎的转变不仅无法抗议,也未曾提出抗议。他的名句'唉!城市面貌改变的速度竟快过人心',这句话与其说是用来批判当时的变化,不如说是直言批评人们缺乏赶上现状的能力。对于关切卫生问题的人来说(特别是针对曾在1848年到1849年间肆虐,而后又在1853年到1855年与1865年短暂复发的霍乱疫情所进行的防堵),改建工程作为洁净身体与灵魂的形式相当受欢迎。然而也有许多人指责改建工程侵占了巴黎的内脏。巴黎在外科医师的刀下奄奄一息,它将成为巴比伦(或者是更糟糕,它会变成美国城市或像伦敦一样!)。巴黎的真实灵魂与本质不只因为外观的改变而破坏,也因为帝国纪念日的道德沦丧而毁灭。"

甚至怀旧也可以是强有力的政治武器。作家路易斯·弗约在其作品《巴黎的气味》中,运用怀旧题材产生了巨大影响力,作品认为改造中的巴黎是"碎砾的城市,纵使可以发展成为世界的首都,也无法拥有任何市民"。面对产生于巴黎改造的直线、单调、乏味的里沃利街,富尔内尔说:"巴黎只有一条街道——里沃利街。"雨果则说:"我一直很讨厌里沃利街。"对此,哈维冷静地分析说,面对这些感受,我们很难区别哪些是真正的失落感,哪些只是君主派人士与共和派人士所采取的战术手段,以过去的黄金时代作为攻击帝国统治的凭据。他进而分析说:"在帝国权威的庇护下改造巴黎,当中所产生的紧张感绝非奥斯曼所能化解。而他的重建计划势必将招来政治与情感反应。"哈维对奥斯曼的巴黎改造的分析,无论是何种角度的阐述评断,始终是辩证的、历史的和客观的,完全没有那种非此即彼的简单结论。

哈维在书中也有涉及对奥斯曼个人的叙述。但即使这种对于个人的感受也是具有历史感和客观的。例如他说道:"奥斯曼其实具有相当浓厚的马基雅维里气质。他胸怀野心,醉心权力,并且热情投入(他对公职具有非常特殊的看法),准备以长期的努力来实现自己的目标——奥斯曼获得路易·拿破仑的直接授权,因而拥有破格的个人权柄,而他也准备淋漓尽致的发挥。奥斯曼精力充沛,组织力强,一丝不苟,不过他向来轻视别人的意见,甚至反抗权威(即便是皇帝的命令),游走于法律边缘,并且采用我们现在称之为'创造性会计'的财务策略。除此之外,奥斯曼也一意孤行,完全无视民意……简言之,奥斯曼是倾向专制的波拿巴主义者,他不仅成功地在政界存活下来,而且还大放异彩。然而当波拿巴主义于1860年代逐渐屈居自由主义之下时,奥斯曼也开始失势,最后于1870年1月以牺牲者的姿态遭到免职。"

但是奥斯曼所推动的城市转型此时已经完全上路,其势已无人可挡。巴黎此后数十年的发展一直遵循着奥斯曼所定的路线,直至形成我们今日所见的巴黎。

1997年5月,我曾经漫步于巴黎街道。可惜那时尚未阅读大卫·哈维的书。城市旅行家林达相信在某种意义上正是奥斯曼拯救了巴黎,认为在向现代都市转变的过程中,奥斯曼留给我们的巴黎不仅是可以接受的,而且是具有历史承袭性的,确实,今日巴黎许多重要的建筑景观,完全延续了以前的老巴黎的风格。

如果从奥斯曼被免去巴黎市行政首长职位的1870年算起,巴黎大改造已经过去将近150年了。我们今天所见的巴黎,美丽、骄傲、浪漫。我想,这样一座美好的城市,当初奠定其基础的"大改造"没有理由是一无是处的,而主导这一改造的奥斯曼也不可能是一无是处的。我们的城市论著对此应有深刻的客观。而这一深刻的客观,我在哈维的《巴黎城记》以及其他具有类似思想深度的著作中读到了。不仅读到了,它还令我深感其趣,大受教益。

哈维的《巴黎城记》,多么引人入胜!

荒诞的意义

2012年12月21日的太阳落下去了，12月22日的太阳又升起来了。

关于2012年"世界末日"的说法，毫无悬念地被证实为一场荒诞。地球不仅没有陷入连续的黑夜，也没有因太阳中微子加热了地核而被毁灭，就连在所有担忧中略为靠谱的行星撞击，也如科学分析早已指出的那样没有发生。这个末日之说可谓2012年最大的荒诞。然而，这个最大的荒诞也并非全无意义——它所具有的唯一的意义，就是作为某种假设，提醒或激发人们略为思考一下关于生与死的问题，借由对死的思考认识生的真实价值。

通常人们总是畏避死的话题甚至畏忌死的字眼。但末日预言迫使许多人不得不对死进行思考。如媒体所言，或许有朝一日真的会有行星前来毁灭地球，不过那不是轻易就可碰上的事情。这里所说的，是我们生命旅途中不可回避的"日常状态下"的死亡。

死亡是一个巨大无边的哲学问题，又是一个不可思议的无解的日常生活话题。思考死亡需要勇气，且或会被认为有点多余。但思考死亡具有意义。它让我们接近生命的本质，进而端正对待人生的态度。当我们认真思考死亡时，当想到无论我们活多久死亡迟早都会发生，并且意识到死亡就是永恒的寂灭时，我们对尘世间的名誉地位、得失成败还会有多少计较呢？我们对人生遭际的态度，或许就会变得更豁达、更超脱，对人生也会有更全面的认识。诚如哲学家周国平所言："一个人只要认真思考过死亡……他就会形成一种豁达的胸怀，在沉浮人世的同时也能跳出来审视。他固然仍有自己的追求，但不会把成功和失败看得太重要。他清楚一切幸福和苦难的相对性质，因而快乐时不会忘形，痛苦时也不致失态。"（《周国平自选集》）末日之说客观上提供了一个契机，它以一种荒诞的形式，让忙碌中的芸芸众生，在一段时间内得以集体思考这样一个平时被遗忘或有意无意地回避的重要问题。

法国文艺复兴时期最重要的人文主义作家蒙田说："死亡是人生的目的地，是我们必须瞄准的目标。如果我们惧怕死亡，每前进一步都会惶惶不安。一般人的想法就是不去想它。可是，如此粗俗的盲目是多么愚蠢！"（《蒙田随笔全集》）他用古代罗马共和国诗人和哲学家卢克莱修的一句话来比喻这种盲目：如同"决定倒退着走路"。

之所以要思考死亡，是为了懂得珍惜生命、珍惜具有真情实感的具体细碎的日常生活，而不至于迷惘。如蒙田所说："有的人活得很长，却几乎没活过。在你活的时候，要好好地生活。"（《蒙田随笔全集》）之所以要思考死亡，是因为死亡时常会以突然袭击的方式出现，它在什么地方等着我们，我们不知道，我们要随时随地恭候它。也如蒙田所说："对死亡的熟思就是对自由的熟思。谁学会了死亡，谁就不再有被奴役的心灵，就能无视一切束缚和强制。"（《蒙田随笔全集》）之所以要思考死亡，是因为死亡是我们最不愿意接受但是必须接受的必然结局。正如周国平认为死是最大的不公正（这个不公正在于人与神之间。上帝按照自己的形象造人，却不让他像自己一样永生，而是将渴望不朽的灵魂和终有一死的肉体同时放在人身上），但人们仍然必须接受这种"不合理"……

确实，日常生活中人们总在回避对死亡的思考。原因除了对死亡的恐惧外，也包括认为这种思考无意义等等。古希腊哲学家伊壁鸠鲁有句名言："我们活着时，死尚未来临；死来临时，我们已经不在。因而死与生者和死者都无关。"他的睿智哲思令人惊叹，但没想到这居然可以成为回避思考者的遁词——死亡与我们无关，死亡与我们的当前生活无关。

正是对死亡问题的回避导致了对死亡的无知与更大的恐惧。就此意义上，关于2012世界末日的无稽与荒诞，倒是额外地有了一点意义，它让许多人被动地不情愿地思考了死亡。

还是让我们以直视问题的勇气，认真地思考不可回避的死亡吧，不需借助荒诞的末日预言。我们将在思考中认识生的意义，激发起真实生活的热情，获得真实生活的幸福感。向死而生，生活将因真实本质的回归而更具意义。

让我们再次阅读他的书吧

打开报纸得知,美国文化历史学家、哥伦比亚大学历史学教授雅克·巴尔赞(Jacques Barzun)在美国得克萨斯州的圣安东尼奥市去世,享年104岁。颇感突然,谨此致哀!

阅读雅克·巴尔赞的百科全书式著作《从黎明到衰落:西方文化生活五百年,1500年至今》已有好多年。此书大约购买于2003年初。在我看来,这是一本严肃、深刻且有趣的书。厚达800多页的这本历史学杰作,也是一本引人入胜的可以多次或随时阅读的绝妙好书。记得几年前写作《广州这个地方》时,作为写作准备我阅读了大量书籍,其中就包括雅克·巴尔赞的这一本。

当时我饶有兴味地反复阅读书中"1540年前后的伦敦"、"1830年前后的巴黎"、"1895年前后的芝加哥"等章节,并且将这些西方城市社会生活的部分内容与广州城市的同期历史作了些简单比较。许多地方我读得趣味盎然,感叹作者考究的细致、描写的生动。譬如,他描述19世纪20年代至30年代的巴黎,既说到那时的巴黎已经明显地成为国内外艺术家和作家的荟萃之地,又说到那时的巴黎还没有埃菲尔铁塔,没有协和广场,只有大片沟壑纵横的泥地,中间找不到一块方尖碑。然而他又留意到这时巴黎的城市建设开始显露出一些进步的迹象:"楼房开始被洗刷一新，主要街道的路面全部铺齐。开辟了新的住宅区。维克多·雨果就搬到埃图瓦勒附近的一个新区去住了。12000盏路灯改用煤气，取代了冒浓烟、发怪味的灯油。两项发明开始一点点地得到实施，这两项发明是刚由约翰·麦克亚当发明的铺路法和在公共交通中使用的公共马车……"那种描述的精细，俨然呈现了一个生活的横断面，读来实在不忍释卷。

有趣的地方还有很多。由于对城市的偏爱，我特别留意书中对城市生活的叙述。作为现代社会的开端，欧洲16世纪新教改革不仅改变了人们的生活习惯及普遍的做法，更改变了整个社会文化。书中在叙述这一情形时，以意大利为切入点，详细地描绘了威尼斯的城市生活图景，展现人们在礼仪和家居生活方面发生的变化。这当中，涉及城市及街道环境、贵族和普通市民的住所、人们服饰及言行举止、饮食文化及餐饮习惯等等，更述及人们的航海贸易、科学技术、歌剧生活、文艺活动等，让我们对500年前的威尼斯生活增加了不少认识，更加具体、形象。

我还读到英国如何在19世纪40年代患上了"铁路疯狂症"，之后美国在铁路飞速开发时如何造成一种对铁路的"特殊的仰慕"，即所谓的铁路浪漫情结。我们今日的地铁浪漫情结与这种情形是何等的相似，读着书中那些具体描述，也觉得似曾相识了。历史往往让人会心一笑。

然而最重要的是，我从巴尔赞的书中学到不少。诚如书评所说，《从黎明到衰落：西方文化生活五百年》一书论述了从1500年起至今约500年的西方社会文化生活的方方面面，包括政治制度、社会思潮、哲学、文学、音乐、美术、科技、民俗及社会生活等，可谓包罗万象。重要的是，作者将自己在漫长的一生中所作的思考融入其中，使本书内容丰厚魅力无穷。这是我所珍爱的书，多年以来，我一直把它放在书桌上，随时阅读学习。

得知雅克·巴尔赞教授的去世，不免黯然。不过当想到他是一个长寿的智者时，也感到慰藉。正如《美国学者》的编辑安妮·法迪曼所言："雅克·巴尔赞生来就是注定要写这本书的，但他在五十岁的时候不可能写出来，这是一本杰作，只能出自大师之手，需要终其一生才能获得产生于智慧，而不仅仅是知识的卓见。感谢上天使他长寿健朗，得以完成这部别人连开头都力不能及的著作。"

据报道，雅克·巴尔赞1907年生于法国一个知识分子家庭，1920年赴美，从哥伦比亚学院毕业后留校任教，并连续十年担任教务长和院长。他曾两度荣获美国艺术暨文学学会批评家金奖，并且两次出任该学会主席。他还曾在1956年登上《时代》封面，并在2010年获得美国国家人文奖章。巴尔赞一生共出版30多部著作。其中最重要的百科全书式著作《从黎明到衰落：西方文化生活五百年》是在其92岁高龄时出版的。此书阐述从文艺复兴到20世纪末西方文化从500年繁荣到开始衰落的过程，正是他预见了西方文化的衰落。但他认为衰落并不意味着失望多于希望，而很可能会成为西方复兴的源泉，这一思想贯穿全书。该书出版之后备受关注与好评，并且获得了美国国家图书奖提名。

借此之际，再重温一下这位智者在《从黎明到衰落：西方文化生活五百年》一书开头所说的一段话吧："只看年号便知20世纪即将结束。在进一步深究后，还会看到西方过去五百年的文化也将同时终结。有鉴于此，我认为现在正是恰当的时候，应该依次回顾一遍我们这半个千年来伟大卓绝的成就和令人痛心的失败。"

再次阅读他的书吧——《从黎明到衰落：西方文化生活五百年》，让我们在阅读中与这位智者交谈。

在温和淡静中叙述人生
——再读《重游缅湖》

偶尔重读怀特的随笔，内心深处依然激起些许微澜，感觉有某种久远的记忆被邈然击中，淡静之中，灵魂悄然颤动。

怀特是美国的文学大师，他的随笔风格纯净，语言自然而极美。1941年夏天，怀特带着儿子，还有钓具和诱饵，重返小时候常与父亲一起前去度假的缅湖，在那里钓鱼度日寄托对父亲和故地的思念。之后，就有了他那篇著名的随笔《重游缅湖》。

他写他如何与儿子一路同行，深入湖区；写他在营地里重温旧日夏季的时光，逐渐感到周遭一切仍是当年模样。特别是，他描述了头一个清晨躺在湖区小屋的床上，静听儿子悄悄溜出门，驾船渐行渐远的情景："我开始产生幻觉，似乎他就是我，因此简单置换一下，我就是我父亲。这种感觉徘徊不去……我仿佛处在双重的存在中。我在做某件简单的事情，拾起鱼饵盒子，摆好餐叉，或者说着什么，忽然就觉得像是父亲在说话或做事。那一刻真让人心悸。"

儿子所做的，就是自己当年所做的；而自己今日所做所说的，简直像足了当年父亲所做所说的。猛然间，在这充满旧日气味的湖区里，这一惊人的发现，怎能不让人感到心悸?

　　进而,怀特写了和儿子一起钓鱼的经过。那是返回缅湖的头一天上午:"我摸摸鱼饵盒子里覆盖鱼虫的潮湿苔藓,看见蜻蜓贴了水面翻飞,落在钓竿梢头。蜻蜓的飞临,让我确信,一切都不曾改变,岁月不过是幻影,时光并没有流逝。我们将船泊在湖面,开始垂钓……我将竿梢缓缓沉入水里,老大不忍地赶走蜻蜓,它们疾飞出两英尺,悬停在空中,又疾飞回两英尺,落回竿梢的更远端。这一只蜻蜓与另一只蜻蜓——那只成为记忆一部分的蜻蜓,二者的飘摇之间,不见岁月的跌宕。我望望儿子,他正默默地看那蜻蜓,是我的手握了他的钓竿,我的眼在观看。我一阵眩晕,不知自己是守在哪一根钓竿旁。"

　　生活中的许多细节是独特的。正是蜻蜓停在钓竿上这一独特细节,留在了怀特的记忆深处。许多人会将类似细节或印象忽略,而敏感的怀特却把它捕捉住了。大概对于怀特来说,这样的细节,只存在于他和父亲的缅湖假期中,只存在于岁月的深处。而如今,他和儿子又重遇这一细节及这一熟悉的情景,怎能不让人觉得时光并没有流逝呢?难怪此时此刻的他,竟不知道自己到底是守在哪一根钓竿旁。其实,怀特是在以他特有的方式告诉读者:时光已经流逝。我们从过去走来,又沿着前人的路径走向不可知的远处。平凡的日常生活,将一代代人连接了起来。宁静的湖区和蜻蜓停在钓竿上的瞬间,不过是提供或触发我们感悟这一人生本质与生活真实的契机。

　　怀特不仅敏感,而且对环境感受细致。他描写湖区某农庄附近,公路旁的一个网球场,周遭长满绿茵茵的车前子和不知名的野草,球网在干燥的正午耷拉下来,四处弥漫着午间的炎热、饥渴和空旷。这是他对此处记忆的特有印象。他也描述了在这旧日生活之地再遇一场雷雨的情景:"一切都那么熟悉,最初是一种压抑和燥热的感觉,沉闷的氛围笼罩着营地,让人不敢远行。后半晌乌云密布,万籁俱寂,静得能听到生命的悸动。随后,一阵微风轻飏,雷声隐隐逼来,停泊的船只突然侧身摆动……"怀特欣赏这些日常生活的细节,似乎也沉浸于对旧日时光的某种幻觉状态。但是,时光毕竟是在流逝,就是这湖区,也有某种变化。他写道:

"而实际上,如今唯一不对头的地方是这里的声响,汽艇的尾挂发动机陌生而恼人的声响。这声音很刺耳,时时打破你的幻觉,让你感受到时代的推移。"

怀特就是这样,敏感而又细腻地描述他的"宁静与美好与欢乐"的缅湖,借以述说他对父亲的思念,更在温和淡静中道出他的人生感悟。

一本翻旧了的《重游缅湖》,偶尔重读,感受常新……

记住城市的声音
——再读《伦敦的叫卖声》

叙述城市的角度可以很多。英国近代作家阿狄生的《伦敦的叫卖声》就是一个别开生面的很有趣的角度。这是一篇著名的英国散文,但多年前我第一次阅读此文,并非是文学的兴趣,而是因其对城市的独特叙述。

鉴于有人认为伦敦的叫卖声令人吃惊、扰人清梦,而另有人则认为这些声音比云雀、夜莺连同田野、树林里的天籁加在一起还要好听,阿狄生就以一位"狂想客"来信自荐担任伦敦的市声管理总监的幽默方式,将这些五花八门各式各色的声音逐一介绍及点评,以供人们判断。

阿狄生在文中将伦敦市声分为器乐和声乐两大类。器乐包括救火员敲打铜壶或煎锅、更夫敲梆、阉猪匠吹号角之类。声乐则范围要广泛得多,包括卖牛奶的、扫烟囱的、卖煤末的、卖碎玻璃和砖渣的、卖纸片火柴的……还有卖报的、卖青菜萝卜的、卖点心的,以及哑桶匠、维修匠等等在街头巷尾的叫卖声。所有这些,文中一一道来。

看得出,作家对这些"聒聒噪噪、野调无腔"或"声音很大、货色可怜"的叫卖声,其实是由衷欣赏的。他写道:"另外有些商贩爱拉长腔,在我看来,这比前面说的那些叫卖声要更有韵味。特别是箍桶匠爱用闷声,送出他那最后的尾音,不失为具有和谐动人之处。修理匠常用他那悲怆、庄严的语调向居民们发问：'有修椅子的没有？'我每当听见，总禁不住感到有一种忧郁情调沁人心脾。——这时，你的记忆会联想出许许多多类似的哀歌，它们那曲调都是缠绵无力、哀婉动人的。"

他甚至希望能听到更多："每年，到了该摘黄瓜、收莳萝的季节，那叫卖声让我听了格外高兴。可惜，这种叫卖像夜莺的歌唱似的，让人听不上两个月就停了。因此，倒是值得考虑一下，是不是在其他场合把这个调调儿再配上别的什么词儿。"

在我看来，阿狄生的《伦敦的叫卖声》，实际上是记录了伦敦的生活、伦敦的情调，同时也记录了这座城市的社会生活史。他从城市叫卖声的角度来叙述城市，以此独特的方式表达对伦敦的情感。他在谈论这些叫卖声时，可说是如数家珍也如敝帚自珍，像在说，城中生活多么斑斓多姿，多么稀奇古怪，因而多么生动有趣。

由此联想，每个城市都有它的独特市声。老北京城的叫卖声堪称绝活，据说清早那些卖蔬菜的商贩吆喝着"香菜哎、辣青椒喂、黄瓜哎、大茎蓝来哟！西红柿哎、蒜来嘿、西葫芦嘞、洋白菜耶、扁萝卜哈，嫩了芽的香椿……"可以一口气叫出多种菜名，京味儿十足；旧上海的石库门巷弄中轮番飘出的"鸡毛菜、小白菜、卷心菜、黄芽菜、栀子花、白兰花，阿有啥个坏辫棕绷修伐、藤绷修伐、削刀、磨剪刀"等，则夹杂着上海近郊、江浙一带乃至广东等地口音，煞是热闹。各地城市想必是各有各的精彩，各有各的韵味。老广州亦如是。在越秀旧城和城西荔湾一带的横街窄巷中，商贩们次第登场，由远而近继而渐远地唱着"磨铰剪铲刀，铲刀磨铰剪"、"收买烂铜烂铁，有烂野就罗尼卖嘞"、"通坑渠厕所"、"整洋遮"等等，抑扬顿挫富有韵味，有些可以听出人生哀怨，有些则幽默谐谑，也有些透着淡静之气。凡此种种，构成动人心弦、引人入胜的市声，如同一场配合默契的日复一日从不落幕的城市歌剧。

这些城市叫卖声，每一个都有它的故事和来历，每一种腔调都是此地生活使然，动听而且独特。它不仅记录了城市的生活和情调，更是城市性格的写照。因此，用今天的话来说，这些声音大概当属珍贵的城市精神文化遗产吧。或许200多年前的阿狄生在这方面并没有如今天这样充分的意识，但显然，他是将伦敦的叫卖声作为伦敦生活的一个部分而加以关注和欣赏的。试想，一座城市如果没有了或禁绝了这些声音，这座城市将会怎么样，它还会生动有趣吗？

读《伦敦的叫卖声》另一重要感受就是，原来古今中外的城市都无例外地游走着各种商贩以及充斥着商贩们的叫卖声的。今日我们的城市变化巨大。那些曾经生动的声音已经久违。不仅如此，在许多城市管理者的心目中，那些穿街过巷的小商贩正是麻烦所在，城市似乎要想方设法压缩甚至消除他们的空间。对那些"聒聒噪噪、野调无腔"或"声音很大、货色可怜"的叫卖声，今日的城市应该是由衷欣赏妥善管理，还是出动城管严厉管束令其难以生存呢？或者说"在一个管理完善的城市里，对于这些市廛奇人究竟应该宽容到何种程度"？读一下《伦敦的叫卖声》吧。你不必如阿狄生笔下的"狂想客"那样谦卑地自荐担任城市的市声管理总监，但你若能由此认识到，一座好的城市，应该宽容、珍视并且记住这些叫卖声，让我们的城市空间市声充盈如"鸟喧华枝"，充满生活气息与生活情调，由此，也算是文学欣赏之外的一个额外收获吧！

书店的漫游者
——参观杨和平欧洲小书店摄影展

我一直主观地认为书店是城市最赏心悦目的风景，尤其那些精致的有特色的独立书店。杨和平女士搜寻欧洲各地这些风景中的风景，在此初冬时节呈献给广州。今日午后偷空跑到位于珠江新城花城大道的余工美术馆，参观了她的这个名为"时光如此轻柔——巴黎左岸和伦敦查令十字路那些令人难以忘怀的小书店"的摄影展，得以一睹众多著名的欧洲书店的芳容。

此前读过一些关于书店的书。美国人西尔维娅·毕奇的回忆录《莎士比亚书店：巴黎左岸，一个女人和她的传奇书店》，详细叙述了作者创办这间被誉为巴黎文化地标和全世界独立书店标杆的书店的过程，以及书店如何多次面临困境依然坚持下来，最后却因拒绝卖给德国纳粹军官一本书而被迫关门的故事。法国人让·保尔·卡拉卡拉所著《蒙帕纳斯的流亡者》，生动记录了毕奇以书店的名义为乔伊斯出版《尤利西斯》的令人兴味盎然的有趣经过。海莲·汉芙的《查令十字街84号》记述一段远隔重洋、持续二十年之久的"书店情缘"，感人至深……当然我也曾颇有兴趣地浏览过这些书店的图片、资料之类。然而，由此构建的我对世上那些好书店的"记忆"，毫无疑问是模糊零碎并且更多是凭借想象的。杨和平女士这个摄影展，让我得以近切地清晰地欣赏到这些书店的"真容",让我的"记忆"变得真实可靠,并且更系统更形象。尤其是她拍出和塑造了书店之美,凝聚和呈现了书店的意蕴。这是我在这座城市所见最精致感人的关于书与书店的摄影展。

当中一幅《巴黎莎士比亚书店前门》,画面一览无遗地呈现了这个著名书店的外貌,两名读者缓步走向书店。作品最大特点是其精确性,既不夸张也不扭曲,瞬间表达了书店的典型氛围。《苏格兰爱丁堡的The Old Town Book shop》具有同样效果,标志性的店门颜色和店前独自行走的行人,很好地诠释了这间维多利亚街的古书店的气韵。多张表现书店内部环境的作品,如《法国小镇普罗万的地窖书店》、《伦敦查令十字路上的小书店4》、《巴黎莎士比亚书店》、《伦敦查令十字路上的小书店2》,呈现了不同风格书店的共同点:高高堆叠的书充斥画面的大部分空间,有点"丰富的凌乱",形成强烈的具诱惑力的视觉冲击。其中,《伦敦查令十字路上的小书店2》画面中间的书店主人,在被四壁书籍包围中的小角落里经营着他的书店,显得渺小有趣并富戏剧性;《法国小镇普罗万的地窖书店》大概是从入口处俯视书店环境,满满的拥挤的书架、绚丽的明信片及各式笔记本、石砌的墙壁及雕饰的拱柱浑然一体,真实而又奇特⋯⋯

书店风景为何如此吸引我们?我想,人们会认为这是对知识的热爱及对文化的敬重。但这并不是问题的全部答案。确实,如同城市的文化传统及精神品格构成一座城市的灵魂,书店就是一座城市的有形的灵魂。或者说,书店的风景就是城市万千景色中的点睛之笔。可以断言,一个城市如果有一间或多间好书店,那么这个城市就一定是让人喜欢的城市。这一点毫无疑问。然而喜欢一道风景或许不需要宏大的理由。我们听从内心的召唤,欣赏自认为美好的东西。在我看来,书店本身就是艺术,欣赏它就是欣赏美好的东西。好书店融合了设计之美、材料之美、建筑之美以及店中无数书籍本身之美。这是一场多视角的美好享受。店中堆得满满的形形色色的书籍，实在就是一件件具体的艺术品，无论是材料、内容、形式等方面，都足可让我们充分审美。而在本质上，书店之美更加重要的是在于书店中的人。著名藏书家爱德华·纽顿在《藏书之爱》一书中生动描述过书店人的情景，说及在书店遇上那些见多识广的店员是何等的快乐，当中甚至有些知识丰富的人又是如何教我们无地自容，而爱书之人又是如何千奇百怪、趣味盎然。如今，杨和平女士的摄影展，正将如此种种的书店之美呈现在我们面前，我们从中可以看到作为文化地标的书店、作为设计的书店、作为建筑的书店，以及大学城的、小镇的、集市中的和广场上的书店，更可以看到一个个具体的人的书店，充满执着与专注精神，流淌着温情与浪漫。

末了顺便提及一个并非新鲜的发现：原来喜欢欣赏书店风景的人并非完全孤立。了解这一点当然让我对实体书店尤其是独立书店的偏爱更受鼓舞。当今电子阅读、网上购书成为趋势，但这完全无碍人们继续欣赏书店风景，继续做一个书店漫游者。

生命在夜色中消逝
——读《暗店街》速记

如同读一本侦探小说,在悬念丛生及复杂推想中读完了莫迪亚诺的《暗店街》。岂止如此,那实在是一场令人倍感凄楚、不胜悯然的阅读体验,一次关乎文学更关乎命运的难以言喻的审美过程。

小说叙述二战后的巴黎,一位患有失忆症的男子试图揭开自己身世之谜,努力探寻自己真实身份及来历的故事。主角在多重线索的深入探访中,山重水复,似乎逐步接近自己曾经拥有的身份:南美某国外交官、出生于希腊并属希腊国籍、住在巴黎第八区……然而这就是真实的自我吗?还是我潜入了别人的生活中?一切依然晦暗未明。他前半生的记忆或许是在逃离德占区时误入圈套被害而失去的。小说结尾时,也就是当真相似乎即将大白天下,线索却突然中断时,他决心作最后一次尝试,按照几经努力最终得到的自己的旧地址,前往罗马暗店街。这是一个哀伤的故事。主角在探访过程中,苦苦追寻着若隐若现的已经逝去的自我的影子。有时感觉找到了自己,在儿时迷宫中重遇往日快乐时光,蓦然却又发现这一切并非真实;有时寻得某些逝去生活的碎片,前方是一片亮光,却很快又烟消云散;有时邂逅某一段经历所在的场景,却又不明白为何会有这一经历。甚至惊异自己为何有勇气走向渺茫的险途，而险途的终点，则是一片雪落无痕、遮盖一切的茫茫荒野。

读《暗店街》，让人深感生命的虚无和人生的神秘及无意义。小说开头第一句话"我什么也不是"，似乎已经道出关于生命的这一普世无奈。生活中绝大多数的人，并"不比永不会凝结的蒸汽更有质感"。莫迪亚诺以小说人物之口，述说了"海滩人"的借喻：在无数的海滩度假照片的一角或背景中，"他"出现在快活的人群中间，但谁也叫不出他的名字，谁也说不清他为何在那儿。也没有人注意到有一天他从照片上消失了。小说人物进而说，其实我们大家都是海滩人，"沙子只把我们的脚印保留几秒钟"。的确，现实中我们每个人都居于生活的某个角落，彼此之间互为背景，正如我们悄悄出现，我们也将不可避免地悄悄消失。但是，以我的理解，这并不是莫迪亚诺小说所要表述的全部。《暗店街》还向我们展示了一个在虚无及无意义中执着寻找自我的灵魂，正是这种寻找，让我们在虚无及无意义之中，居然获得某种充实及意义，获得某种人生的趣味，获得继续生活的理由。如果没有这种寻找的欲望与动机，没有寻找的执着与坚持，我们的生命与生活也就是彻彻底底绝望了。所以，小说主角在走过半生之后，历尽困苦也要寻回自我，最终他要回到唯一可信的生命原点——罗马暗店街2号。小说就以一段新的或许依旧无望的寻找的开始作为结束。

或许，我们每个人心中都有自己的暗店街。在我看来，此小说有着巨大的象征意义。在现实生活中，我们不都是某种意义上的失忆者吗？在生活路途上跋涉，风雨兼程步步前行，曾几何时，我们或许不知不觉失落了许多，忘却了许多。没有历史与记忆的生命，如同空中飘荡的幽灵。我们最终也要重寻失落的一切以及忘却的记忆。认识及秉持自我正是生命存在的证明。就此意义上来说，小说主角说生命重要在于过去而不在于未来。其实在生命的本质上，着重于过去也就敞开了未来。因此，我们依然寻找，尽管我们明白，被赋予了意义的自我也难以抵御虚无，所有的一切终将消逝。全书最后一句"我们的生命不是和这种孩子的悲伤一样迅速地消逝在夜色中吗？"很是耐人寻味。

读《暗店街》还有一个额外的收获：2014年诺贝尔文学奖颁奖词指此小说"捕捉到了二战法国被占领期间普通人的生活"，因为这些描写，小说也让我感受到了此期间的巴黎城市生活。

怡然敬父执（一）：
从化行速记

2012年8月25日清晨，我们兄弟姐妹携家人租了车辆，应邀前往广州郊外的从化东方夏湾拿花园，拜访父亲的生前好友苏先生。

行车一个多小时后到达。苏先生骑着单车在夏湾拿酒店旁边的星光路迎接我们。苏先生年约70的光景，头发微秃，但精神奕奕。他衣着随意，一身轻松打扮，看相貌你不会想象他是一位艺术品收藏家。他踩着单车居前领路，在前方不远处拐个小弯，很快就到了他的"乐居"。这是一幢拉丁风格的小楼，进去一看，颇为称奇：楼里楼外，楼上楼下，陈列着各种奇石、牌匾、字画、器皿器具等，藏品以"童戏"为主要题材，琳琅满目，堪可赞叹，俨然一座小型博物馆。但苏先生此番邀请我们来，并不是为了向我们炫耀这些藏品，而是要让我们前来观赏他多年来所收藏的父亲的诗书作品。父亲去世后不久，他便联络我们，说请我们到他这里来郊游，散散心，并说当我们看到父亲的许多作品在这里悬挂及收藏时，或会感到些许欣慰。果然，这里多处悬挂着父亲所写的楹联。看到父亲的作品，我们倍感亲切也深有感触。据称，这里收藏了父亲的大约30幅书法作品和80首赠诗。其中一些作品，就连我们作为子女和家人也是未见过的。苏先生引领我们在楼内逐层参观。他特别向我们展示了藏于大衣柜里的一套12扇绘有精美童戏图案的清代屏风。他说,当年请父亲为这些屏风题字,奢望是一首诗,没想到父亲却为每一扇屏风都题了诗,共12首。这完全出乎他的意料,为此他高兴极了。他说,这是镇宅之宝。

父亲与苏先生是忘年之交,且这交情也深有渊源。这一点从苏先生提供的资料中也可以印证。苏先生说他敬佩父亲的为人,敬佩父亲的学养高深,敬佩父亲德艺双馨的学者风范。而父亲也欣赏苏先生,曾经赠联于他:

尔我结交无芥蒂,

期颐高寿有童心。

"童心"二字,显然是针对苏先生的收藏主题而言。又写诗《赠苏钜亮》:

布衣门外草萋萋,奔走词场不厌低。

我本东樵山野客,愧君清福住流溪。

苏先生可谓一位奇人、能人。他酷爱艺术,执着收藏且待人友善随和。我与他接触时间虽短,却已留下深刻印象。父亲能与他深交多年,其人一定值得信赖。他在父亲面前是年轻的,在我们面前却算得上是长辈。他给我们说到与父亲交往渊源之深,还在于家族的缘分,他的岳父廖安祥早年协助父亲的姐夫杨康华开展著名的"省港大营救活动",是战友加朋友。又回忆了他与父亲交往的许多故事。此乃健谈之人,话语间处处流露出对父亲的尊崇。

对我来说,此行是"怡然敬父执"(唐·杜甫诗《赠卫八处士》句),因此只有聆听与尊重。我边听边想象父亲与他交往时的种种情景。想必父亲为他作诗写字时是多么认真,当作品完成时,外表平淡而内心却是如何陶醉;苏先生获得父亲的作品时是多么欢欣,当有出乎意料的收获时,心中又是何等雀跃。我想,在苏先生而言,所有这些美好交往已然过去,它不可再现,却可时时重温。在我们而言，此行则加深了对父亲处世交往等细碎生活的了解，由此增加了对他的思念和敬重。同时也为他曾经有这样一段交往而高兴和欣慰。

乡村午后的阳光温煦炽热。我们告别了苏先生，乘车沿广从公路返回。夏湾拿的乐居逐渐消失于远方。艳阳下，汽车飞快地奔驰，越过燕塘、沙河和广园快线旁的麓湖。我在想：就在这一片老城与远郊之间的土地上，尘世的那么一段美好交往因一方的离逝而结束了，父辈的人与事，也陆续地不可挽回地成为过去。想到此，不胜惘然。

我们能够以某种方式留住往事吗？再见了！父亲的好友苏先生，期待与您再次见面。

怡然敬父执(二)：
与父亲的好友聚会于广州酒家

2012年9月8日晚上，与父亲的好友聚会。近些天，兄弟姐妹商量决定宴请父亲生前几位来往最密切、我们也较熟悉的好友李达强叔、泽明兄和基永兄。我们不知能否代表父亲，但有感于他们与父亲一场交往，友情挚深，因此敬备薄酌表达对他们的谢意。

聚会地点就选在广州酒家。这里是古色古香的传统广州风格，吃的是地道粤菜，房间优雅静谧，适于交谈。今早为寻找聚会地点还颇费踌躇，既要让最年长的李叔不要跑得太远，又要环境舒适具有特色，最终选定了这个位于体育东路的著名酒家。

兄弟姐妹携家人提前到达，很快就张罗好了宴席。时近中秋，我们还为每位朋友准备好了中秋月饼。不一会儿，李叔和泽明兄先后到来。基永兄因忙于事务晚一点才到。于是陆续上菜，以茶当酒，举杯下箸。

席上菜肴尚算精致，席间的畅谈则无疑是精彩的。李叔与父亲相知交往40载，他的话题，从梦里依稀的三元里南楼，到如今静静的米市路对庐，时而谈诗，时而说家事，往事并不如烟。他言语不太多，却总说到点上。泽明兄是父亲的忘年之交，年龄虽稍浅，与父亲交往却深。他眉飞色舞地谈字画鉴别，谈名人逸事，也谈各种文坛趣闻乃至收藏心得。他总是兴致勃勃，且应对自如幽默谐趣，可以想象他与父亲交往时是如何哄得父亲开心，带给父亲欢乐。所有这些，全都紧扣主题与父亲相关，总是诗词歌赋，总是棋艺书画，总是墨浓情长……

　　李叔较前清减多了，轻松的外表依然透出些伤感。他说他一定要为父亲写一篇文章，目前正在撰写一本岭南百位名人的访谈录，其中当然有父亲的部分，且父亲生前已经为此书题写好了书名。泽明兄说如今他正在筹备父亲的诗词书法展览，此项事情已在推进，为此他要寻求支持搜集展品。两位回忆起与父亲交往的种种琐事，点点滴滴，无不勾起我们对以往生活的记忆。当然，我们也忆起，李叔和泽明兄不仅尊敬父亲，而且对父亲多有帮助，那本堪称雅致精美的线装本《对庐诗词集》，就是他俩做的校对，整本诗集无一错漏。李叔是广东出版界的前辈和资深编辑，从20世纪80年代起就为父亲编辑校对了《岭南古今录》等多部作品。泽明兄作为一位有影响的文化记者和书画艺术推手，在父亲作品的出版、宣传等方面持续给予支持，且鞍前马后亲自做了大量工作。他著有《记者眼中的艺术家》一书，当中客观介绍了父亲及其作品。近年父亲明显体弱，两位很关心父亲。记得有一次，李叔打来电话，有点沉重地说："阿晖，你爸爸身体好像差多了，我很担心他。这半年可能很关键，看来你们要多加留意了。"他还叫我多点时间陪伴父亲。听了以后，我更感责任重大，同时也为李叔所感动。父亲有这样的挚友，我也与有荣焉。泽明兄时常陪伴父亲外出活动应酬，深知父亲为人随和，因此时常提醒父亲在家要小心防范确保人身及财物安全。有一次他也给我来电话，直言父亲已经不宜独自居住，认为夜间我们应该安排有人照看他。别看泽明兄平时在我们面前多是搅笑取悦大家，关键时候却能有这样的细心。尽管家中对父亲的事情一直有细致的安排，但我觉得还是要衷心感谢他们对父亲的关心。所有这些，都感人至深。

八时许，基永兄从佛山匆匆赶到。他是个大忙人，总是行色匆匆，且他生性亦如空中的闲云野鹤，去来随意，淡定自如。他的到来，让席间再起高潮，大家谈起父亲书法作品的收藏与展览。基永兄是年轻的岭南文化研究者和著名收藏家及传媒人。那一年，父亲重访阔别半个世纪的澳门，在那里举办了他首次个人书法作品展，《澳门日报》一篇《前度徐郎今又来》报道了展览盛况，也揭示了父亲20世纪50年代初在这小城蠔镜留下的雪泥鸿爪。这个对于父亲深有意义的展览，基永兄正是幕后策划者。他还陪父亲在大三巴、在新马路寻觅旧时踪迹。父亲仙逝之后不几天，他连夜写下《杂忆对庐先生》一文，载于《澳门日报》，其中结尾一段如下：

  ……先生为我写过那么多题诗，我竟然十几年都没给先生写过一首，实在惭愧，只好凑成了这么四句："帘外观星忽忆君（此先生昔年赠予句也），十年问字感斯文。翠微税驾从今别，硕果诗仙又一人。"写好以后，我先用四尺整的纸写了一幅，后来想想，觉得字还是不够稳当，又改成小的条幅：先生从来什么都不考究，让我最后为他认真写一次，也许他会领首碧霄吧。

当时读到这里，眼眶有点发热。对我来说，今晚的宴席也是"怡然敬父执"（杜甫《赠卫八处士》句。此前应邀前往从化夏湾拿探访父亲的好友苏先生，回来后写了一篇短文记述，取题"怡然敬父执"），无论是年长的李叔，还是比我年纪要小的泽明兄、基永兄，他们都是父亲的至交，因此在我眼里都是必须怡然敬重的。见到他们，会令我们更多地想到父亲。况且，某种意义上，与他们聚会，就是进入我们不完全熟悉的父亲的另一气场。这个气场多么亲切,但聚会终将结束。这是一个已经过了立秋的夜晚。

时近中秋,今夕又是何年?这时,我想起了父亲的《水调歌头·庚午中秋用东坡韵》:

把酒对明月,厚我是情天。天乎情是何物,默默亿千年。见说人非草木,但得情同金石,不畏古今寒。此理问然否,谁与证花间。

妄琼楼,虚玉宇,笑难眠。人生莫怕万缺,惜取几回圆。无尽金风玉露,去矣先贤往哲,不为一身全。秋半夜如水,皓魄静娟娟。

就以这首词作为今晚聚会的结语吧。

借得西湖水一环

中国很多城市都有西湖。北京的西湖又称"昆明湖"、"瓮山泊",有寺院亭台之胜,宛如江南之美,环湖十里,蔚为盛观。省会城市中,沈阳、兰州、武汉、杭州、福州、南昌等都有西湖;至于其他城市,那就更多了,颍州、泉州、惠州……在所有的西湖中,数杭州西湖最为著名。

杭州西湖以秀丽清雅的湖光山色、璀璨丰富的历史文物以及优美隽永的故事传说见称。孤山、苏堤等将湖泊分隔成大小不同的多个湖面,山影斜阳,波光弥渺,幻化出"雷峰夕照"、"南屏晚钟"、"三潭映月"、"曲院风荷"等千年传颂的西湖美景,令古今游人陶醉。

记得少时读冯梦龙《警世通言》之《白娘子永镇雷峰塔》时,首次读到宋诗《题临安邸》:

山外青山楼外楼,西湖歌舞几时休?
暖风熏得游人醉,直把杭州作汴州。

那时,一方面略知此诗的意蕴在于讽喻那些忘记国难苟且偷安的南宋贵族,表达作者对统治者寻欢作乐纸醉金迷的愤慨之情;另一方面也从优美的诗句中朦胧地领略到此诗的审美意境,由此想象西湖之美。这是描写杭州西湖的最有影响的诗歌之一。

后来读苏轼《饮湖上初晴后雨》诗句："欲把西湖比西子，淡妆浓抹总相宜"，苏东坡将西湖比作美人西施，巧妙而又贴切，千古流传。

广州历史上曾经也有过西湖，位于今越华路、教育路两侧，是南汉时在甘溪西支下游处开凿的人工湖，因地处当时广州子城之西而称西湖。又因当时有方士聚集在湖中小洲炼丹制作长生不老药，故也称"仙湖"、"药洲"。明成化年间，由于甘溪改道，广州西湖水源断绝，逐渐淤塞，以致最终消失，仅在现南方剧院内的池塘留下一处残迹。不过，池塘南边现有一条西湖路，附近还有一条仙湖街，成为广州西湖曾经存在的见证。

天下西湖何其多！有人从古代城市规划和中国园林艺术角度论述西湖的存在，更有指中国城市西湖之多，已经形成一种深具美学情结的"西湖现象"，大有探讨之必要。专家以杭州西湖为例，说明西湖独特的山水美学体现了中国传统文化的精髓，是东方文化的经典产物，也集中体现了中国文人诗情画意、天人合一的审美情趣及文化理念。

西湖就在那里，无论是人工开凿的还是自然形成的，它就在城市西边。此问题既深奥也简单。对于西湖，或许应有更多视角，未必尽是宏大的文化叙事，这样可以丰富我们对西湖的认识。譬如寻常生活的视角。就此而言，我认为，西湖，是城市对于乡村的眷恋，是城市中的乡村象征，是喧嚣闹市中的隐逸之地。在拥挤、喧嚣的城市生活中，人们借此获得一隅清静，接近乡野、寄情山水、亲近自然；借此唤起关于生活的久远记忆，偶尔重温我们来自何处。"借得西湖水一环"（叶剑英《游肇庆七星岩》句），西湖，是城市的一个借来的空间。

确实，面对西湖，每人感受或不一样，也可能因时因地不同。诗人对庐在粤东从事新闻工作时就写过一阕有关西湖的词《长相思·潮州西湖忆故乡丰湖》：

烟一湖，月一湖，记得丰山烟月无。微澜塔影孤。

笑相扶，醉相扶，柳外虹桥闻鹧鸪。依然在客途。

诗人与友人过潮州西湖，面对如画景色，脑际邃然浮现的是另一个西湖——故乡惠州西湖（即丰湖）的影像。他问自己：还记得丰湖的粼粼波光和朦胧烟月吗？还记得那微澜之上的孤独塔影吗？词中一个"孤"字，多么恰切地道出了萦绕于诗人心中的一腔乡情愁绪啊！

于是与友人倾樽而饮，而后，带着微微醉意相扶而去，越过柳岸跨上彩虹般的桥。此时不知何处飘来一阵鹧鸪啼声，诗人想到：故乡路远，我仍在客途上啊！诗人离开故乡已经将近二十年。人生羁旅，故乡永在心头。潮州西湖景色也就轻易触发诗人的丰湖之思了。或者可以猜想，诗人这里所说的"客途"，当不仅是指此次行程吧，他大概是喻指我们整个的人生，就如同一场想望着故乡的客途吧。

此亦西湖之思？

是的，在这个时候，西湖就是一种象征，就是一种关于故乡的借喻……

几多旧事,一丝惆怅:
赏读对庐《浣溪沙八阕》

1995年,对庐先生应约为广州博物馆编印的《广州旧影》作序,"稿成而睹旧照",勾起少时旧事,深有所感,于是挥笔疾书,得词八阕。是年,诗人74岁——

浣溪沙八阕

百步梯为登越秀山故道,黄节有"鸟啭苍崖百步阴"句。余少时读书于市立第一中学,日夕必登百步梯。校舍筑于学海堂故址,俱为茅檐板舍。

负笈朝朝百步阴,课堂筑向杏花深,茅檐板壁倚青林。

烽火万山从此去,髫年一梦倩谁寻,苍崖鸟啭到而今。

小北上塘、下塘宝汉茶寮等处,为少时以蚯蚓钓取青蛙旧地。

上下塘村宝汉茶,芥兰畦圃菜农家,清溪远近木棉花。

母鸟携将雏羽翼,晓风吹散野烟霞,一竿春蚓钓青蛙。

暑日尝与小友夜卧于中山纪念堂华表柱石基上，宵深始返。

　　纪念堂前万木骄，莲塘旧路听鸣鸮，邻街小友夜相招。

　　三五银灯何皎洁，一双华表亦清寥，野风吹梦到深宵。

恒登镇海楼，熟知"万千劫危楼"一联为李棪华撰，近人误为彭玉麟，非也。

　　镇海楼头李棪华，倚栏看剑一长嗟，越王山下是吾家。

　　　盛夏草深求蚱蜢，晴春花闹蝫虫蛇，重来愁说夕阳斜。

凉秋犹夜登越秀山，星月清绝。

　　子夜秋风入楚庭，短衣把臂仰观星，林梢明灭见飞萤。

　　虫语或为幽隐识，山歌只合怨人听。童心犹在故侯城。

在西村广雅书院处以牛肉钓取蟛蜞，常满桶而归。

　　广雅门墙覆翠微，西村十里野鸢飞，柳堤日暖捉蟛蜞。

　　乱石断桥云出处，污泥芳陌午归时，此情如影尚依依。

抄取六榕寺等处碑文对联甚多。

　　稚岁闻钟不解禅，但抄碑碣思茫然，东坡礼

佛却成仙。

　　天上飞鸿才一瞬，寺中梦蝶似千年，笑从法座叩从前。

海珠石未填海前曾随父到岛上。

　　架木为桥在水隈，古榕孤屿片云开，海珠石上我曾来。

　　精卫终能填地脉，刘晨安用忆天台，虚无缥缈是蓬莱。

　　每次阅读这组词，都不免心弦颤动，禁不住愀然而思、慨然而叹，既感于物事，更感于人情。我们生活的这座城市变迁固然巨大，但人事更是匆匆。数十年亦如一瞬，当中多少故事远去了！

　　诗人写少时就读于城北越秀山脚市立第一中学每日必登百步梯；写与邻街小友常在中山纪念堂华表石基上夜卧至宵深；又写在小北宝汉茶寮一带钓青蛙、在西场广雅书院附近捉蟛蜞、在越秀山镇海楼头仰望星空……

　　这组词固然首先是作为纯粹的诗词阅读。缥缈的日常生活旧事，在诗人笔下幻化成为诗境，成为诗章。在这里，"苍崖鸟啭"的越秀山麓，"野风吹梦"的纪念堂前，"柳堤日暖"的城西梦影，无论当中蕴含多少沧桑幻变，都以诗的形式化作某种艺术审美，化作饱含无尽人生况味的艺术抒情！或许可以说，这些琐碎的日常生活旧事，本身就是诗。

　　这组词也可以作为某种个人生活史来阅读。在词中，你可以看到一个无忧无虑的城市少年，钓青蛙、捉蟛蜞、求蚱蜢，活泼好动充满稚气。同时你也会看到，这少年又是多么聪颖好学，他就读于市立第一中学，且是在3000多名考生中以第36名考取的；他常登越秀山，喜欢仰望星空，倾情于故侯城，熟知镇海楼头的李棣华名联："万千劫危楼尚存，问谁摘斗摩星，目空今古；五百年故侯安在？祇我倚栏看剑，泪洒英雄！"；他时常到千年古刹六榕寺，抄取寺中碑文对联。将这些朦胧碎片试着组合起来，似可构成一个稍稍接近完整的生活画面。日后诗人之所以成为诗人，似乎从这里已经可以看到些端倪。然而重要的是，我们看到了一个人的生活，它的轨迹，遥远而又真切。

其实，这组词还可作为某种角度的城市变迁史来阅读。诗人写的是20世纪30年代的广州生活。词中可见，今日繁闹的小北一带那时仍是芥兰畦圃、农家屋舍所在；今日城坊稠密的荔湾西场那时尚属河塘河涌之地。还有，词中述及的城北越秀山，是广州城市重要历史演变的见证，明洪武十三年（1380），永嘉侯朱亮祖将宋代东、西、中三城打通连成一片，又向北边扩展城市，将城墙跨到越秀山上。为了表达明帝国威镇海疆之意，他在越秀山上建造了镇海楼。而这越秀山，又是20世纪20—30年代最终成形的广州城市中轴线的起点。尤其是，词中说诗人少时曾随父到过如今已不复存在的江中小岛海珠石上。旧时广州城下珠江水道自东向西依次分布着海印石、海珠石和浮丘石三个小岛，其中海珠石就位于今海珠南路以东一带。据考海珠石原来偏于南岸，只是由于北岸的淤积速度远快于南岸，才使其逐渐接近北岸。1931年修筑珠江堤岸时，海珠石最终与北岸连成一片。在今日高楼密集、车水马龙的沿江路上，实在很难想象旧时小岛的景象。而诗人则为我们留下了此岛消失前夕的生动记述。

然而，在我来说，这组词最重要的是通过上述不同角度的阅读，最终让我们读出关于人生的启示与感慨。岁月会改变一切，城市就是无数人与无数事的流逝，当中实在没有什么东西是恒久长驻的。钓青蛙、捉蟛蜞的旧事消逝了，曾经如此缅怀童年并且写出如此漂亮诗词的诗人也离去了，就如同这城中无数人与事的默默消逝。即使我们此刻参与其中的正在发生的故事，不久也将无可避免成为虚无缥缈的旧事——多少旧事，一丝惆怅，这就是人生在世的普遍状态与本质。

阅读此组词还会有一种"父辈之城"与"我辈之城"相互投射的怆然：父辈当年夜卧于中山纪念堂华表柱石基上，"野风吹梦到深宵"，如今，这石基依然在那里；父辈当年曾随父登岛，"海珠石上我曾来"。如今，海珠石岛早已因填海而消失。这是一种恍若眼前却已隔世的感觉，这种感觉令人战栗——某种洞悉生命本质的历史的战栗。

噢，"苍崖鸟啭到而今"……

作为一种生活方式的广播

　　本书以图片叙述广东电台的故事。在更早之前广东已有广播存在，那是广播在此地发端的时期。然而广东广播获得长足发展并且逐步形成全国性影响，乃至在中国广播界占据举足轻重地位，则无疑属于广东电台时期。这个时期的故事开始于1949年。某种程度上，本书可视为一部广东电台的影像史。当中的叙述或许未尽全面，但我们在精心挑选历史图片基础上，提炼及形成最能体现广东电台发展特色的多个视角，以丰富的题材忠实反映广东电台数十年的历史面貌。事实上，这个故事本身意义非凡，也饶有兴味。我们希望在准确的同时也将故事说得生动有趣。

　　毋容置疑，广东电台65年的历史就是一部广播创新史。这是本书编辑的首要视角。早在创建之初及发展前期，广东电台即在新闻报道及节目制作等方面多有创新之举，改革开放以来更是长期引领中国广播改革潮流。从20世纪70年代末80年代初探索建成中国大陆第一个调频立体声电台，到80至90年代开办珠江经济台首创"珠江模式"、率先建立系列电台、全国第一个户外直播室……还有，率先把节目办到大江南北以至飞越太平洋，甚至把触角伸到南极洲；率先举办全国性和国际性节目活动，内容涵盖新闻资信、音乐综艺等多方面，电波传情无远弗届，影响极为深远。这些基本事实也就构成了贯穿全书的重要脉络。

20世纪80至90年代，是广东电台发展的重要时期。当时的改革举措连同所做的其他许多事情，奠定了电台后来进一步发展的基础，也在相当程度上决定及控制了电台较长时期的面貌及演变的趋向。进入21世纪之后，广东电台面临许多挑战，也抓住了许多机遇，得以持续发展。我们相信，要了解广东电台，必须把握历史的整体，当中包括发展的关键时期，以及前后关联的许多重要节点。

另一个重要视角，就是广播与生活的互动。数十年来，广东电台一直作为具有强大影响力的媒体，深刻影响着受众的生活，以往的每个时期，我们都感受到广播在生活中的坚实存在，且已成为生活的一个部分，以至于成为人们的一种生活方式。因此本书重视反映这种互动，着重记录各个时期广播生活的历史性场景。譬如，20世纪50年代的人对广播充满激情，广播如此风姿绰约，当然也就充满魅力。那时收音机成为人们的消费时尚和美好追求，拥有它也就拥有了一个世界；60至70年代是我们感受与透视广播生活最为奇特的角度，持续10年的"文化大革命"，对广播业造成严重的破坏，而广播也以其对生活所具有的强大渗透力，推助了社会思想的混乱。然而即使在那个时候，特别是70年代后期，广播对生活的影响力依然有增无减。这是广播发展的一个独特时期，既掀起巨大的时代波澜，也充斥着典型的生活荒诞。它留给人们的绝对不是简单的爱或者恨，它就是我们曾经的生活，那样沉重，那样复杂，那样不可思议，有时人们总想忘却它，但最终还是挥之不去……

广播与生活的互动带有深刻的时代印记。回忆80至90年代的广播，脑海深处总是浮现这个时期种种社会生活与日常生活符号。那时人们深切关注社会的现代化和人的现代化，呼唤人文精神，讨论文化问题，精神生活空前活跃。与此同时物质生活也在急剧转变。大众传媒开始重现商业广告。从中可以清楚看到，我们今天几乎所有舒适便利的东西，都是在那个时候陆续出现的，譬如日常的电视机、录音机、录像机、音响设备、电冰箱、空调机、微波炉与电磁炉、热水器和浴缸、电话机和手机；办公用的写字楼与电梯、电脑与互联网、复印机和打印机、传真机、碎纸机；公共场所的游乐场、电影城、网吧、卡拉OK、购物中心与自动扶梯、连锁店与专卖店、街头士多店与大型超市……这样的名单可以一直列下去。南方的风不断推助生活时尚的演变，从许冠杰的《尖沙咀suusi》、徐小凤的《每一步》，到邓丽君的《何日君再来》、童安格的《大约在冬季》，再到麦克尔·杰克逊的《颤栗者》和《治愈这个世界》；从迪斯科、喇叭裤，到霹雳舞、锐舞，再到摇滚乐；从洋快餐、考托福，到信用卡、炒股票，再到休闲、旅游，乃至世纪末的新千年情怀……此落彼起，异彩纷呈。改革中的广播正与这些事物紧密相连。我们应该聆听这个时代一切动听的声音。那时广东天际曾经到处回荡着麦克尔·杰克逊略带沙哑又充满磁性的声音。这也是属于那个时代的广播文化符号，就如同当时广播曾经充满张国荣、梅艳芳、罗大佑、费翔、艾顿·约翰、席琳·迪翁、麦当娜的声音一样，这些声音标志了那个时代的生活。本书用图片记录这一切。观看这些图片，就是观看我们的历史，就是观看我们曾经的生活。

本书按时间顺序分为五个章节。其所依据的是广东电台65年历程明显可辨的阶段性发展。篇幅并不很均衡，原因既与内容需要相关，也与资料保存数量相关。各章节之间配以专色广播生活特写图片，以作区别。其中一些章节除按时间顺序编排之外，还穿插了一些小专题，譬如"事业项目发展"、"与文艺界的业务合作"、"系列台建设"等等。专题与正文内容以跨页的专色图片为界。此外，电台历史上许多跨年度甚至跨年代的大型制作，选择在项目初创或最高潮时期的时间节点集中编排。

岁月悠悠。本书向广东电台65年交替递嬗的最为平凡的人与事表示敬意。当我们看到以往每个重要时刻或辉煌场景时，应该想到其背后许许多多在各自岗位上努力工作的人，他们思想活跃，充满创意。正是他们承前启后的持续努力，为广东电台辉煌的历史发展，作出了普通广播人的重要贡献。

（注：本文是《岁月留声——广东电台65年历史影像》引言。）